＼いつでも、どこでも、低コストで始められる!／

リモート輸入ビジネス成功マニュアル

日本輸入ビジネス機構
理事長
大須賀 祐

あさ出版

はじめに

「この状況で輸入ビジネス？　何を言っているの？」

本書を見たとたん、あなたはこうつぶやいたのではないでしょうか。

今がどんな状況か、わかっていないのでは、と。

たしかに、海外とのやりとりにおいて、人の行き来はもちろんのこと、モノ、文化、情報すら安定しているとは言えないのかもしれません。

しかし、本当にそうなのでしょうか……。


２０１９年12月、中国武漢に端を発した、新型コロナウイルス騒動は世界に未曾有の事態を招きました。

欧米諸国はロックダウンを幾度も行い、国を一時閉鎖するまでに。

海外への渡航は今なお、簡単ではありません。

日本でも2020年1月に最初の症例が出て以降、瞬く間に全国に広がり、緊急事態宣言が何度も発令されたりと、1年以上もの間、経済活動にかなりの制限がかけられる事態となっています。

この状況下を凌ぐのに精一杯で新たなビジネスモデルに着手するなんて考えられない。それも、輸入ビジネスだなんて、とてもうまくいくとは思えない……、と考えるのは無理もありません。

でも、この状況だからこそ、まさに輸入ビジネスなのです。

コロナ禍においてリモートワークが進んだのと同様に、輸入ビジネスもリモート化が進み、在り方は大きく進化しています。

わざわざ海外に渡航せずとも商品を探すことができ、さらには海外のメーカーとつながれ、取引を始めることができます。

オンライン上の展示会に参加することで、直接メーカーと知り合い、そのまま商談することも可能です。

距離も時差も関係ありません。

今や、輸入ビジネスは、リモートが当たり前なのです。

リモートで輸入なんて一過性のもので、世の中の状況が元に戻れば行われなくなるのでは？　と思うかもしれません。

でも、それは違います。

リアルに会い、商品を見るという、これまでのやり方も、もちろん行うようになります。しかし、交渉など、リモート「でも」できることは、そのままリモートで行うことが主流となるでしょう。やり方の選択肢を増やしておくことによって、ビジネスにおける可能性は少なくとも2倍以上にあがるのです。


この本では、王道のリアル輸入ビジネスのやり方に加え、オンライン「だけ」で完結する方法を明らかにします。

あなたは、この両方を使いこなせることによって、今の困難を克服できるだけではなく、今のようなネガティブな時期を逆手にとって、倍の力を持つことになるのです。

リモート輸入ビジネスに着手することにより、今までよりも気軽に新規事業の立ち上げが可能となります。さらには、コストの面においても格段に抑えることができます。お金、時間をセーブしつつ、国内での販促活動により注力できるようになるのです。

オンラインを活用することは、結果的にリアルの活動の効果を上げ、ビジネスをより効率的にしてくれる一石二鳥の施策です。
リモート輸入ビジネスは、あなたがこの状況においても勝てる、確実にして最短の道であると、私は信じています。

2021年6月

大須賀　祐

第1章
いま、「リモート輸入ビジネス」を始めるべき7つの理由

contents

第2章 リモート輸入ビジネスの「全体観」をつかむ

第3章

リモート輸入ビジネスの「手続き」の仕方

第4章 リモート輸入ビジネスの「商談・契約」の仕方

第5章

どうやって「B to B」のビジネスを成功させるか

付録

プロローグ

そもそも「輸入ビジネス」とは

本書を手に取ってはみたものの、「輸入ビジネス」がいったいどんなものなのか、実は、あまりイメージできていない……という人もいることでしょう。

そんな方のために、「リモート輸入ビジネス」についてお話しする前に、そもそも「輸入ビジネス」とは何なのか、その骨組みについてお話ししておきましょう。

もちろん、「輸入ビジネス」についてご存じの方は、このまま第1章までページを進めてください。

さて、「輸入ビジネス」とは何か。

私は、次のように提唱しています。

「輸入ビジネスとは、自らが莫大な投資をすることなしにメーカーとなることができ、国内の上場企業、優良企業、他のメーカー、名だたる物販業者をもあなたの傘下に置き、自らの販売部隊として活用できる究極のジョイントベンチャーである。」


余計にわからなくなった、という人もいるかもしれませんね。

いったいどういうことなのか、説明していきます。


まず、輸入ビジネスの根幹は、海外では流通しているものの、まだ日本に入ってきていない、流行りそう、人気が出そうな商品を、日本に持ってきて販売することです。

非常にシンプルです。

シンプルかつ、商売の基本のような仕組みなので、誰でも参入することができます。

特別な資格や、経験は必要ありません。

つまり、商社に勤めたりしていない、一個人、新規事業であっても、海外の企業としっかりやっていけます。

日本で流通していない商品ということは、まだその時点で日本に入り込む窓口がないということです。海外の企業も日本進出のきっかけを探している可能性は高く、信頼できる相手であれば、その規模までは問わないところが少なくありません。

実際、海外で売れていた小物を個人規模で仕入れたところ、日本で大ブレイクし、一躍成功者となった例もあります。

たとえば有名なものに「crocs（クロックス）」というサンダルがあります。日本人の方がハワイで見つけたサンダルを日本市場に持ち込み、1から販路を開拓し、現在のような知名度になりました。

海外の企業とのやりとりは英語がメインですが、通訳や翻訳機能を活用することで対応できますし、契約書など、法的なことはプロの力を借りれば問題ありません。

また、一人、一社だけでは販売力に限界があるため、日本全国に流通させ大量にさばくことは難しいかもしれません。しかしその商品に力があれば、ネット販売と合わせて、皆さんもよく知っているような伊勢丹、阪急などの大手百貨店、ＬＯＦＴや東急ハンズなどの全国規模の雑貨屋、スーパー、ドラッグストアなど、日本全国に店舗を持っていて広域の販路を持つ大きな会社の力を借りて、一気に日本に広めることもできます。

輸入ビジネスの仕組み

商品を見つける

↓

交渉する

↓

サンプルを入手する

↓

テスト販売する

↓

契約する

↓

仕入れる

※もっともリスクが少ない「大須賀式輸入パターン」

ジョイントベンチャーと呼ばれる手法です。

ジョイントベンチャーを行えば、あなたは莫大なコストをかけることなく、日本全国の名だたる小売店を使って商品の宣伝、販売ができます。

一人でも、新規事業でも、中小企業でも、勝てる仕組みを作ることができる、それが「輸入ビジネス」なのです。

日本国内で商品を仕入れるのではなく、海外から商品を仕入れることのメリットは、大きく次の5つです。

・小さな会社や個人レベルで海外メーカーと取引できる
・取引する相手が外国人、海外の会社というだけで、多くの人が尻込みしているため、競合が多くない
・海外から商品を輸入する際に発生する「関税」と呼ばれる税金が減額もしくは免除されることになり、より安く仕入れることができるようになってきた
・価格を自由に決められる（価格決定権を持つ）ため、メーカーと同じような立場になれる

・独占販売権を取得して日本の総代理店となれば、メーカーと完全に同じ立場になれる

商品をつくらずとも、日本国内であなたからしか買えない商品を持っているという立場になれるのです。

さらに、輸入は太古の昔から続く伝統的かつ普遍的なビジネスモデルです。一過性のものではないため、なくなったり、廃れたりするものではありません。

そして、日々、世界中のどこかで商品がやりとりされ、あらゆる場所を行き来しています。

新型コロナウイルスの流行中であろうが、景気がどうであろうが、規模は変われど、決して止まることはありません。

魅惑の輸入ビジネスの世界へようこそ。

さっそく本題に入りましょう。

第1章

いま、「リモート輸入ビジネス」を始めるべき7つの理由

1 「個人」でも大企業に勝てる

✓ 自由に値付けできるのが最大のメリット

輸入ビジネスを始めるにあたり、まずは、個人や中小企業規模でこのビジネスモデルを行うことのメリットと輸入ビジネスの魅力を知っておきましょう。

輸入ビジネス最大の魅力は、資本力に限界のある個人や中小企業でも、資本力にものをいわせて大々的に商売をしている大企業に「勝てる」、つまり、「儲けることができる」点にあります。

輸入ビジネスとは、海外メーカーの商品を輸入し、その海外メーカーの「代理店（代理人）」として日本国内で販売するビジネスモデルです。

仮にあなたが、ある海外メーカーから商品を輸入し、日本国内で販売するとしましょう。まず、その商品が日本未上陸であれば、あなたの裁量で自由に、日本国内での販売価格を決められます。さらに独占販売権を取得してしまえば、その商品を売ることができるのは、日本ではあなただけになります。

消費者が「割高だな」「価値がないな」と感じたら売れず、「割安だな」「価値があるな」と感じたら売れる。それだけのことです。

価格に見合うだけの価値がその商品にあるかどうかを決めるのは、あなたであり、市場だからです。

輸入ビジネスでは、市場原理に則った、フェアなビジネスが可能になるのです。

「定価」に縛られないから大企業とも戦える

海外と日本では、メーカーの市場への介入度が大きく違います。

海外では、メーカーが販売価格（定価）を決め、統制する制度はありません。

決めるのは、「取引相手にいくらで売るか」という出荷価格のみ。取引相手に商品を売ってしまえば、その取引相手が別の相手にいくらで売ろうが、かまわないのです。

海外メーカーは市場原理を重んじていて、「生産者がむやみな市場介入をしない」が不文律となっています。

末端価格決定権は製造元ではなく、商品を仕入れ、販売する側にあるのです。

一方、国内メーカーがつくった商品を、国内で取引するとなると、そうはいきません。国内ではまず、国内メーカーによって希望小売価格が決められます。その後、メーカーと買い手との間で「希望小売価格の何割の価格で仕入れるか（=掛け率）」の交渉が行われ、商品の取引価格が決まります。

資本力があり、大量に発注することのできる大企業は、メーカーに対し「たくさん仕入れるんだから、安くしてくださいよ」と交渉を持ちかけ、低い掛け率で購入することができます。

資本力に限界があり、少ない数量しか仕入れられない個人や中小零細企業は、必然的に、大企業よりも不利な条件で商品を仕入れざるを得ないわけです。

国内における、「定価」をベースとした取引形態では、個人や中小零細企業は絶対に、大企業に勝てません。スタートラインの「仕入れ価格」がまず不利なうえに、販売力や販売ルートにはさらに圧倒的な差があるからです。

海外と日本の、メーカーによる市場への介入度の差を比べると、海外メーカーから商品を仕入れる「輸入ビジネス」がいかにフェアで、自由度の高いビジネスであるかがおわかりいただけるでしょう。

輸入ビジネスでは、商品を仕入れただけの一販売店としてではなく、メーカーの「代理人」として、つまり「メーカー側の人間」として自由に値をつけ、自由に利益を上げることができるのです。

「個人」でも「大企業」と対等以上に戦える、究極のビジネスモデルだといえます。

2 「B to B」ならリスクも最小限に抑えられる

☑「他社の資源」を活用できる

本書でオススメする輸入ビジネスは、「B to B」（法人間の販売）の取引をベースに考えます。

輸入ビジネスを始める場合、「B to B」こそが、リスクを最小限に抑え、利益を最大化できる取引形態だからです。

仮に「B to B」ではなく、消費者に直接販売する「B to C」を選んだ場合、どのようなことが起きるか考えてみましょう。

「B to B」と「B to C」

ビジネスの現場では頻繁に使われる言葉ではあるものの、どういう意味なのかはっきりとはわからない、という方は、ここで整理しておきましょう。

「B to B」とは？

Business to Business の略で企業間の商取引を指します。

企業が業者に向けて商品やサービスを卸すのが一般的な形で、相手先は小売業がメインとなります。小売業以外にもホテルにアメニティを卸したり、会社の備品や什器を業務用として販売したりするのも「B to B」に当たります。「B to B」の取引量は比較的多めで、取引の金額も大きくなる傾向にあります。

「B to C」とは？

Business to Consumer の略で企業が一般消費者に向け、商品販売をするビジネス形態のことを指します。

百貨店やスーパー、ドラッグストア、コンビニなどがこれに当たります。客単価が比較的低いのでいかに多くの人を集めて数を売るか、ということが重視されます。

なお、単発でヤフオク!やメルカリなどで不用品を販売することは Consumer to Consumer、「C to C」という扱いになりますが、これも継続的に売り続けていると立派な「業」とみなされ、「B to C」の扱いになります。

「一販売店」として輸入ビジネスを行うとすれば、まず店舗が必要となります。

店舗を用意するには、建設費用や賃借費用、内装費用がかかるでしょう。

そのうえで、商品の仕入れ費用もかかります。人を雇えば、人件費もかかります。

仕入れた商品がまったく売れなければ、これらの費用はすべて自分自身にのしかかってきます。

店舗型の「ＢｔｏＣ」の取引は、非常に大きなリスクを背負うことになるのです。

そもそも「一地域」に「一店舗」を構えるだけでは、日本全国に商品を流通させることはできません。

そこで、「ＢｔｏＢ」です。

「消費者に直接販売する」のではなく、たとえば日本全国に店舗を持つ百貨店やスーパー、家電量販店などに商品を卸すとしたらどうでしょう。

自分ひとりで売るよりも数倍、数十倍の販売力を得られ、あなたが仕入れた商品は一気に全国区となります。

日本にはさらに、小規模な事業者の「ＢｔｏＢ」取引を支援する、「問屋」が存在します。

小売店への卸しを代行してくれるのが問屋です。あなたが問屋とつながりを持つことができれば、それはすなわち、小売店に日々、営業をかけ、日本全国に商品を卸してくれる営業マンを得たようなものです。かつ、問屋の看板による信用を借り、問屋が持つコネクションを活用できますから、大手の小売店に商品を並べることができます。

ただし、問屋を活用する際、注意すべきことがあります。それは、問屋サイドの利益（中間マージン）を見込んだ価格設定が必要ということです。問屋を通さず、小売店に直接販売することができれば、中間マージンを省くことができ、より高利益が見込めます。

また、最近は、商品在庫を持ってくれるといった問屋ならではのメリットもなくなってきています。どちらがよいか、検討して選ぶといいでしょう。

自分ですべての経営資源を用意しなくていい。
他社の経営資源を利用すればいい。
しかもそのほうが、ビジネスがうまくいく。

「ＢｔｏＢ」は夢のようなビジネス形態なのです。

3 商取引の「オンライン需要」が伸びた

1つの取引先に依存せずにすむ

「実店舗を持とうと思うから、建設費用や賃借費用、内装費用がかかるのだ。実店舗ではなく、オンラインショップを構えれば、コストなしで販売できるではないか」

そう思う人もいるかもしれません。

しかし、オンラインでの販売にコストがかからないと考えているのなら、それは大きな間違いです。

オンラインショップを構え、そこに集客するためには、オンライン上のマーケティングを行い、オンラインショップを認知してもらう必要が出てきます。認知されなければ、存在しないのと同じです。

オンラインショップで満足のいく結果を出すには、かなりの時間的・金銭的コストと労力が必要となるのです。

「ならば、すべてを一からはじめるのではなく、すでに多くの客がついていて莫大な発信力を持つAmazonや楽天に出店すればいいではないか」と考える人もいるでしょうが、話はそう単純ではありません。

集客力のあるAmazonや楽天に出店したからといって、あなたがその中の「一小売店」であることに変わりはありません。扱うのがどのような商品であっても、お客さまは「個人客」ですから、購入は1～2点が大多数でしょう。これでは、事業を大きく展開し、大きく儲けるのが難しくなります。

さらに、Amazonや楽天には手数料を払わなければなりませんし、アカウント停止の措置がとられた場合には、一瞬にして売上のほとんどを失ってしまうことになりかねません。

得られるメリットに対し、リスクが大きいと言わざるを得ないのです。

加えてオンラインショップで怖いのは、プラットフォームを提供している企業による、小売店であるあなたではなくメーカーへの「直接交渉」の可能性です。

Amazonをはじめとしたプラットフォーム企業は、売れている商品だと判断すると、自社で直接、メーカーと取引しようと動く場合があります。

資本力のある企業は購入するコストを低く抑えることができるため、薄利多売が可能となります。あなたよりも低い金額で売ってくる可能性があるのです。消費者がどちらを選ぶかは、自明の理でしょう。

あなたが努力し、コストをかけて獲得した商品知名度やマーケティング効果も、一瞬にしてすべて奪われてしまうおそれもあるわけです。

プラットフォーム企業も「BtoB」のお客さま（取引先）の1つとして考えるべきです。

「Amazonだ」「楽天だ」と、1つの取引先のみを相手に販売しようとすると、売上のほとんどをその取引先に依存することになります。だから、売上のほとんどを失うリスクも大きくなります。

すべての取引先を、「取引先の1つ」と考える。Amazonや楽天「で」売るのではなく、

Amazonや楽天「でも」売る。つまり「1つの取引先に依存しない」という考え方を持つことで、リスクを減らしながら利益を高めていくことができます。

あくまで取引のある小売店の一つでもあり、自らのショップでもあるところに「BtoB」で商品を卸しているという感覚で取り組むことで、プラットフォーム企業への依存を最小限に抑えることができます。

すべては「BtoB」という主軸があってこそできる考え方です。

大企業の参入をおそれる必要はない

ほとんどの大企業にとって、あなたとあなたの取り扱う商品は単なる「1メーカー」「1商品」です。

大手の小売店にとっては、海外のメーカーとわざわざ直接取引をするコストをかけるより、すでに国内に流通している商品を日本の企業から仕入れて扱うほうがコストパフォーマンスがよいからです。

商社をはじめとした小売り以外の業種も、エネルギー関連や食品といった、毎日の生活に必要不可欠な高単価、高利益、多物量、高回転率の商品に注力するため、雑貨を扱うようなニッチな輸入ビジネスには参入してきません。

この本で述べる輸入ビジネスは、ニッチなマーケットが対象です。そのため、大企業参入のあおりを食らいにくいのです。

「それでも心配だ」という方には、とっておきの方法があります。

「独占販売権」を獲得することです。

「独占販売権」を獲得すると、大手との競争を心配することなく、自分のペースと裁量でビジネスを進めていくことが可能になります。

「独占販売権」については第2章で詳しく説明します。楽しみにしていてください。

4 「関税フリー」で低コスト、高利益に

輸入ビジネスにとって大変な追い風

2021年6月現在、全世界で関税をなくす流れがすごい勢いで加速しています。

ここ数年であまりに急激にことが動いたがために、トランプ政権下時代のアメリカがTPP（環太平洋パートナーシップ）協定を離脱したり、イギリスがEUを脱退したりなど、多少の揺り戻しはありましたが、世界的な流れとして「関税をなくす」という方向性が揺らぐことは考えにくいでしょう。

現に、アメリカは各国と2国間でFTA（自由貿易協定）を結び始めたほか、イギリスはTPPへの参加を検討し、実際に協議に入りました。

アメリカとしては、単に「大枠のうちの一か国」になりたくないうえに、自国の裁量や交渉力を発揮したいがためのTPP脱退であり、関税の撤廃について完全に反対している

わけではないでしょうから、関税をなくす流れ自体は止まらないものと考えられます。

関税のない自由な貿易が全世界で行われる日がくるのも、決して夢ではないのです。

とくに注目したいのは、2019年2月1日に発効した「日欧EPA」です。

EPAとは、「Economic Partnership Agreement」の頭文字をとったものであり、日本語では「経済連携協定」と呼ばれます。単に関税を撤廃・削減するだけでなく、多角的に貿易・投資を促進するための条約です。

日欧EPAでは、農産品や工業品にかかる関税を日本が約94パーセント、EUが約99パーセント撤廃します。世界GDPの約3割、世界貿易の約2割（EU域内貿易を除く）を占める、人口約6億人の一大自由貿易圏が誕生したのです。

つまり、ものを輸入、輸出する際にかかる税金がカットされ、ものが安く買えるようになるだけではなく、将来的には出入国の手続きの簡易化や滞在条件の緩和がなされる可能性があるなど、お互いの国同士の垣根が取り払われるということです。

「関税撤廃」どころの騒ぎではありません。

段階的にではありますが、人、モノ、カネ、サービスなどさまざまなものが、日本とヨーロッパを自由に行き来できるようになるというわけです。

日欧EPAで貿易はどう変わる？

日欧ＥＰＡの発効後、貿易の動きは著しく変わりました。

たとえば、発効直後、ワインの輸入関税が即時撤廃されました。すると、チリ産の輸入量が15・１パーセント減となる一方、フランス産ワインの輸入量は14・７パーセント増、イタリア産ワインの輸入量は18・５パーセント増と、ヨーロッパ産ワインの輸入量は目に見えて伸びました。

また、チーズは種類によって、従来より低い関税の商品群の枠が設けられました。さらに、枠内は発効16年目に無税となります。つまり、ワインのような状態になる可能性があるということです。今後はＥＵからの輸入は拡大し、雇用も促進されると考えられます。

37ページの図は、日本経済新聞で紹介された、ＥＰＡの例をまとめたものです。左側は、日本からヨーロッパ（ＥＵ加盟国）に輸出する際にかかっていた関税、右側はヨーロッパ

（EU加盟国）から輸入する際にかかっていた関税です。つまり、これまで商品価格にプラスされていたこれらの関税が取り払われた、ということです。

経済連携協定を結んだ国々の間で貿易や人の流れ、サービスが活発化することにより、世界的には大きな経済効果が生まれることは、想像に難くないでしょう。

輸入ビジネスの観点から見れば、これまで数パーセントから数十パーセント余計に払っていた税金がなくなったり、少なくなったりするわけですから、日欧間の貿易の自由化は大変ありがたいことです。

国内ビジネスでは数パーセントの利益向上に奮闘している中、輸入ビジネスでは大きな労力をかけずとも、「関税がなくなった」という非常に単純な形で利益増が見込めてしまうのですから。

この関税撤廃の流れは、輸入する者にとって最大のチャンスです。

波に乗り遅れることなく輸入ビジネスにチャレンジする、絶好のタイミングと言えるでしょう。

日欧EPAで関税はこう変わった

権利保護や関税撤廃で域内の貿易を活発にする

電子商取引や知的財産などのルール整備

- ソースコードの開示要求を禁止
- データ送信への関税賦課の禁止
- 「シャンパン」「神戸ビーフ」などの名称を保護
- 著作物の保護期間を死後70年などに延長
- 政府調達の対象を相互に拡大

EUの関税=日本の輸出

品目	現在の関税	発効後
しょうゆ	7.7%	即時ゼロ
緑茶	無税～3.2%	即時ゼロ
牛肉	12.8%+100キログラム当たり141.4～304.1ユーロ	即時ゼロ
水産物	無税～26%	即時ゼロ
アルコール飲料	無税～100リットル当たり32ユーロ	即時ゼロ
乗用車	10%	8年目にゼロ

日本の関税=日本の輸入

品目	現在の関税	発効後
ワイン	15%または1リットル当たり125円	即時ゼロ
ナチュラルチーズ	29.8%	輸入枠内で16年目にゼロ
アイスクリーム	21～29.8%	6年目までに63～67%削減
チョコレート菓子	10%	11年目にゼロ
衣類	4.4～13.4%	即時ゼロ
かばん、ハンドバッグ等	2.7～18%	11年目にゼロ

出典　日本経済新聞　2019年2月1日　朝刊

5 海外メーカーは「輸出したがっている」

コロナショックで甚大な被害を受けたヨーロッパ経済

２０２０年に巻き起こったコロナショックは、世界経済に大きな打撃を与えました。日本における２０２０年４〜６月期のＧＤＰ成長率は戦後最低を記録し、マイナス７・９パーセント、年率にするとマイナス28・１パーセントでした。これは恐ろしい数字です。日本以上に恐ろしい数字を叩き出したのがヨーロッパです。

ＥＵにおける同時期のＧＤＰ成長率は、前期比でマイナス12・１パーセント、年率換算するとマイナス40・３パーセントです。前年同期比でもマイナス15・０パーセントと、１９９５年の統計開始以降で最も悪化しました。

経済規模の大きい４か国の「前期比」を個別に見ると、ドイツがマイナス10・１パーセント、フランスがマイナス13・８パーセント、イタリアがマイナス12・４パーセント、スペインがマイナス18・5パーセント。いずれも2桁を超える急落となりました。ユーロ圏域内において比較的落ち込みが軽かったドイツ経済ですら、アメリカを超える悪化幅となっているのです。

ヨーロッパ各国は、日本より厳しい外出制限やロックダウンを行った影響で、日本以上に深刻な経済悪化に陥りました。その結果、多くの国で、国内での商取引（ビジネス）の数がダウン。商品を市場に流すこともできず、メーカーの倉庫で余ってしまう事態となったのです。

海外メーカーとのやりとりはより簡単になった

国内でのビジネスが苦しくなり、海外メーカーは、少しでも売上を回復すべく、国内外を問わず、「お客さま」となってくれる相手を探し始めています。

細かい条件なんて二の次で、顧客発掘に躍起になっているのです。

これから輸入ビジネスを始めようとするあなたにとっては、大きなチャンスが到来していると言えるでしょう。

海外メーカーとのやりとりのハードルが格段に下がっているわけですから、普通だったら取引が難しい、大きな規模の企業にもコンタクトをとりやすくなります。

相手にとってみれば、今、お客さまになってくれる相手ならばもう、誰でもよいからです。加えて、実際に商品を仕入れるとなれば、あなたは「苦しい時期に売上に貢献してくれた人」として、神さまのような扱いを受けることでしょう。

コロナショックはたしかに、世界中を混乱に陥れ、暗い影を落としました。

しかし、コロナショックを契機として、輸入ビジネスを始めやすくなった。そして、新たな仕入れ先を開拓しやすくなった。これもまた、事実なのです。

6 「オンライン展示会」の普及でどこからでも取引できる

コロナ禍に一気に広まった「オンライン展示会」

展示会には、商品を広く流通させていきたいと考えているメーカーが多数集まってきます。出展者側も、商談相手が海外から来ていようが、国内から来ていようが、新規顧客に対する受け入れ態勢ができていますから、商談が前向きに進みやすくなります。

また、展示会は新商品発表の場なので、誰よりも早く新商品を見つける、いわばチャンスの場でもあります。

しかし2020年、コロナショックによって、世界中のありとあらゆる展示会が中止となってしまいました。

展示会主催者たちも、そして出展者たちも、最初は戸惑ったはずです。ですが、このまま手をこまねいているわけにはいきません。「新たな一手」を打ち、メーカーと買い手の交流の場を設け始める必要があります。

それが、オンライン展示会です。

始まったばかりなので、明確なルールが定まっておらず、正直、探り探りで開催されている状態ではありますが、だからこそ、参加メーカーとのコンタクトが非常に簡単で手間もさほどかからないといった一面もあります。


渡航費ゼロ、時間コストも半分以下で商品探しができてしまうわけですから、オンライン展示会は、新型コロナウイルスの感染拡大が収まった後も展示会の「主流」として存在感を発揮し続ける可能性があります。

☑ オンラインによって展示会がパワーアップ

リアルやオンラインを問わず、「展示会」のメリットは、「さまざまな商品を一度に見られる」ことにあります。

展示会場で出展者を巡っているうちに、自分では考えのつかなかったものや、かつて欲しいと思っていたけれど忘れていたもの、今までの商品にちょっとした改良が加わって新しくなったものなど、さまざまな発想に出会うことができます。

自分の発想にはない、新しい商品に次々に出会える貴重な場、それが展示会なのです。

オンライン展示会では、現地へ渡航するための費用や時間をカットできることに加え、展示会で歩き回る時間や体力さえも抑えることができます。ほかの仕事をしながら、隙間時間で展示会に参加できるのも魅力です。

オンライン展示会の普及により、気軽に輸入ビジネスにチャレンジできる土壌が整ったともいえます。

展示会に頼らずとも、新しい商品に出会うこともできますが、ネットで検索をかけるにせよ、自分の頭にあるキーワードでしか探すことができません。

思ってもみない、新しい発想に出会うには、やはり、展示会の活用は必須と言っていいでしょう。

オンライン展示会のデメリット

一方、オンライン展示会にはデメリットもあります。主なものは、次の2つです。

1　条件交渉がしづらい

直接、顔を合わせて商談するわけではないため、誤解が生じやすかったり、踏み込んだ条件交渉がしづらかったりするのが1つ目のデメリットです。

単純な商品取引ならば、たしかにオンライン上だけで完了しますが、その分、「単純に物を選んで手配してもらって終わり」になりがちです。

商談には、価格や条件の交渉がつきものですが、いきなり切り出すわけにはいきません。ある程度、お互いの人間関係を育んでから切り出す事柄です。ところが、オンラインのみの商談だと、なかなかお互いの人柄、熱量が伝わらないため、結果として、物のやりとりだけのドライな取引になりかねないのです。

リアルで会い、商談するメリットは、先方にこちらの思いや情熱、人となりを伝えやすく、信用を勝ち取り、長い付き合いとなりやすい点にあります。人間関係を最初に築いておくことによって、条件闘争になった場合でも穏便かつスムーズに交渉を進めることができます。

直接会うという行為は、本気度を伝えるには強力なツールとなり、顔を突き合わせて話すことにより人と人としてのつながりとなるため、不利な条件を一方的に突きつけられるなどといったこともなく、よい条件を引き出すことにもなるでしょう。

サンプルを取り寄せた後、本格的に取引を始める前には、直接会って話すのが理想です。前もってオンラインでやりとりし、その後、実際に会うという流れがオススメです。

リアルで会うのが状況的に難しい場合には、ウェブ会議サービスを使って、お互いの顔を見ながら話をするだけでも、誤解や齟齬《そご》が起きにくくなります。

2　実物を直接見られない

2つ目のデメリットは、実物を直接見られないことです。

通販で注文した商品がいざ手元に届いてみたら、思っていたサイズ感と違った。質感が違った。色味が異なっていた。これは、あなたにも経験があるでしょう。

こうした商品イメージの違い、商品価値の誤認は、取引自体が良くなかったという認識や、企業への不信にもつながります。

オンライン展示会にも同じ危険があります。

後で「こんなはずではなかった」と後悔しないために、オンライン展示会で商品を選ぶ際には、大きさや質感などについてはある程度予想のつくものに絞るのも戦略として有効です。

正式な発注をする前に、必ずサンプルを取り寄せ、実際に見て、使ってみてから、取引は開始しましょう。サンプルチェックを怠ったことで、取引自体が失敗、果てはビジネスの失敗となってしまうおそれがあります。

商品のみならず、出展者の「ブース」の実物を見られないのも、デメリットの1つです。

展示会のブースづくりや商品のストーリーなどから、商品やメーカーの世界観が伝わり、そこからインスピレーションを受けることで、日本国内で実際に販売、流通させるときのイメージが湧く。私自身が何度も経験してきたことです。

オンライン展示会ではブースが見られず、どのような商品なのかが細かく伝わりづらいため、メーカー側に「これはどのような商品なのか」「どのような思いでつくったのか」を詳しく質問し、イメージを補完する必要が出てきます。

2つのデメリットにさえ気をつければ、オンライン展示会は気軽に参加できる有意義な場となります。

まずは一度、参加してみましょう。

7 輸入ビジネスに「不安」を抱く必要はない

間違った思い込みを捨てれば、可能性が見えてくる

「輸入ビジネス」と聞くと、多くの人は「期待」よりも先に「不安」を抱きます。

「不安」は、49ページの図の5つに集約されます。

しかし断言します。これらはすべて間違った思い込み、「誤解」です。

リモート輸入ビジネスをはじめるために、まずはこれらの「誤解」を払拭しておきましょう。

誤解① 英語ができないから難しそう

日本語以外の言語を話せない。だから輸入ビジネスなんて無理――そう考える人はたくさんいます。

輸入ビジネスの「５つの不安」

1 英語ができないから難しそう

2 手続きが煩雑だから難しそう

3 お金がないから難しそう

4 個人では難しそう

5 販路の開拓なんてできないから難しそう

comment

すべて、「誤解」です！
誤った思い込みで、
チャンスを逃すのはもったいない。
しっかり払拭しておきましょう。

結論からいえば、日本語以外の言語を話せなくても、もちろん英語を話せなくても、輸入ビジネスにまったく支障はありません。

やりとりはメールや書類といった、文書がメインなので、即座に答える必要はありません。じっくりと文面の意味を調べたり、人に聞いたりすることができます。また、こちらから英文を作成する場合にも、ネット上にある程度のテンプレートがありますから、最低限の形を整えることができます。

オンライン展示会であれば、自分がしたいことを示すボタン（オーダーやカタログ送付希望など）を選択すると、簡単な文章が英語で表示されるようになっています。これをもとにして、加筆・修正すれば、ほぼ間違いなくやりとりができるでしょう。

現在は無料で使えるうえにすぐに訳してくれる優秀な翻訳アプリも発達しており、会話をする場合も翻訳アプリを使うことで、仮に外国語が話せなくてもスムーズにやりとりができるようになりました。

外国語を話せないことをおそれる必要も、引け目に感じる必要もないのです。

誤解② 手続きが煩雑だから難しそう

輸入ビジネスに専門的な手続きや書類はつきものです。

しかし、実際に輸入ビジネスを始めてみるとわかりますが、あなたが扱わなくてはならない書類は、かなり限られたものだけです。

さらに、輸送から保険、通関にいたるまで、それぞれ「その道のプロ」がおり、あらゆる手続きを一括し、窓口となってやってくれる業者も存在します。

書類関係は基本的に、専門家に任せることが可能なのです。

あなたが力を注がなければいけないのは、「よい商品の発掘」と、その商品をいかに売るかの「マーケティング」と「セールス」の3つ。

煩雑なことは、「その道のプロ」の力を借り、あなた自身は、単純な「物販」に注力すればよいのです。

誤解③ お金がないから難しそう

「輸入」＝「莫大な量の商品をたくさんのコンテナに詰めて、船を丸々使って運ぶ」。

こんな想像を膨らませている人もいるかもしれません。

たしかにこのような、大規模な輸入ビジネスも存在します。しかしそれは、「食品」「エネルギー」「原料」「繊維」など、毎日のように消費され、かつ莫大な量を必要とされるものや質量が大きなものがメインの場合の話です。コンテナが必要になるのは、相当な規模でビジネスを展開するようになってからでしょう。

大規模な輸入ビジネスは、商社の専門分野。
あなたが始める輸入ビジネスとはまったく違います。

個人がまず始めるべき輸入ビジネスは、商社をはじめとした大企業とはぶつかりようのない、ニッチなジャンルの取引をオススメします。

具体的には「一般生活消費財」と呼ばれる、いわゆる「雑貨」を扱うことになります。

そうすることで、あなたは初期投資を一気に抑えることができるのです。

ヨーロッパとの雑貨の取引は「Ex Works」と呼ばれる「工場渡し」が条件で、最小注文数（MOQ）が設定されていないことがほとんどです。

つまり、あなたが必要な分だけ、極論を言えば、それこそ「1個」からでも商品を取り寄せることができてしまうのです（他の国、特にアジア地域のような商品・サービス単価の低い国・地域からの輸入の注意点については、後述します）。

あなたは、少量輸入した雑貨をサンプルとして営業先に見せたり、展示会に出展したりすることが可能となります。

サンプルを活用して見込み客を獲得し、実際のオーダーを得てから本格輸入する。これが最も安全かつ、効率的な方法です。

輸入ビジネスでの最大のリスクは、「売れるかどうかわからない商品を、受注前に大量に見込み発注すること」です。

「雑貨」を扱い、かつ手始めに「ヨーロッパと取引する」ことで、「売れるかどうかわからない商品を、受注前に大量に見込み発注する」というリスクを回避することができるわけです。

「1個」から注文できてしまうので、「お金がないから」と二の足を踏む必要もなくなります。

ちなみに中国をはじめとしたアジアの国々との取引は、単価は低く抑えられるものの、ヨーロッパとの取引とは違って最小注文数が設定されていることがほとんどです。最小注文数が定められているということは、大量に在庫を抱えるのはもちろんのこと、莫大な運送費もかかってきます。それこそ、先述したコンテナでの大量輸入を最初からやることになりかねませんので、注意が必要です。

いくら単価が安いとはいえ、売り先も決まらないままに5000個、1万個と在庫を抱えてしまうのは、結果として大きなリスクを負うことになります。

最初は「単価は高くともヨーロッパと少量取引」、そして引き合いが増えて軌道に乗ってきたら「単価の低いアジアと取引」と、段階を踏んで取引相手を広げていくのが賢い選択です。

誤解④　個人では難しそう

輸入ビジネスは、すべての人に均等なチャンスが与えられる、とてもフェアな世界です。

個人でも、ひとり会社、中小企業でも大丈夫。

海外メーカーは基本的に「長く取引できそうな相手か？」を考え、新規顧客と取引するかどうかを決めます。

国境を越えた取引には、通信や手続き、輸送などに大きな労力がかかりますから、取引ごとにいちいち送り先を変えたり、やりとりする相手を変えたりといった煩わしいことをしたくないのです。

「いくつ買ってくれるのか」という条件面よりも「いかに長く安定したパートナーシップを組めるか」に重きを置くのは、そのためです。

海外メーカーは、個人やひとり会社に対して、案件によってやりとりする相手が部門ごとに異なる大企業とは違い、「トップと直接やりとりできる」ことに大きな魅力を感じるのです。

むしろ「大企業」より「個人」や「ひとり会社」のほうが歓迎されやすいともいえます。

「いかに長く安定したパートナーシップを組めるか」という条件には、「自分たちの商品の哲学を深く理解し、愛してくれているのか」という要素も含まれます。

輸入ビジネスにおいて重要なのは「情熱」と「愛情」です。

海外メーカー側に「情熱」と「愛情」をストレートに伝えやすい点や、他に取り扱う商品やメーカーが少なく専任しやすいという点でも、個人やひとり会社など、事業規模が小さいほうがむしろ有利であるといえます。

誤解⑤ 販路の開拓なんてできないから難しそう

「B to B」の販路開拓については第5章で詳述しますが、難しく考える必要はまったくありません。

「展示会に出展する」。

これが最もシンプルで確実です。

展示会に出展するのが「売りたい人」であるのと同様、展示会に来場するのは基本的には「買いたい人」です。相手は「買う気」でいるわけですから、まったく販路がない状態から自分の足で営業するよりも数倍、数十倍の効果があります。

コロナショックを契機に展示会の来場者は減少傾向ですが、同時に来場者の本気度が上がり、無駄な商談が減っている印象もあります。来場者はより「純化」され、成約率はむしろ高まっているといえるでしょう。

さらに現在は、実験的に国内でのオンライン展示会も開催され始めました。

オンライン展示会の特徴としては、会期が長いこと、出展費用やブースの施工費用が抑えられることなどがあります。

場所や時間、天候などに左右されることがないため、リアルな展示会よりも参加者が増えるうえ、幅広い客層が集客されます。

さらに、オンライン展示会はオンラインという強みを活かし、あらゆるデータを集計することもできます。ブースの参加者の連絡先や属性、業態、アンケート、さらには何を閲覧し、どんな商品に興味を持ったかなどをデータとして手に入れることができます。

これをもとに営業活動ができるので効率化が進むでしょう。

こう書くと、いいことずくめのようにも見えますが、もちろんデメリットも存在します。たとえば、ブース内で「体験」をしてもらえないことが挙げられます。商品を決める際に重要になるのは実際に手に取り、その商品の質感や大きさ、実際のデザイン、使い心地などを体験することです。これがオンラインではできないため、どうしても印象が弱くなってしまいます。実際に商品を手に取ってもらえる機会をつくったり、サンプルを送ったうえでオンライン商談をしたりすることが必要となります。

また、リアルの展示会であれば、商品を見ている人に声掛けをして感触が良ければ商談、という流れも可能ですが、オンライン展示会ではひたすら「待ち」の営業スタイルになります。自社に興味を持ってもらうための情報提供が重要です。情報を多く出して、自社のオンラインブースに興味を持ってもらい、いかに呼び込むかの工夫が必要になります。

このように、リアルの展示会にもオンライン展示会にもそれぞれ魅力がありますが、同時に弱い部分もあるのです。

ただ、これはお互いが補い合い、補強し合えるメリットとデメリットなので、両方をうまく使いながらビジネス活動をしていけばリアルとオンラインの相乗効果が生まれ、より効果的な結果が得られます。

両方に出展してみて、どちらが効果があったのか、どちらが自分の商品に向いているのかを調査しながら両面のメリットを享受しましょう。

重要なのはリアルか、オンラインか、と一方に偏るのではなく両方のメリットを十分に活用していくこと。

こうやって柔軟かつ多角的なビジネス展開をしていくことが、これからの輸入ビジネスのあり方でしょう。

第2章

リモート
輸入ビジネスの
「全体観」をつかむ

1 輸入ビジネスは「7ステップ」で進める

「流れ」がわかれば未来が見える

「輸入ビジネスはどのように進めればよいのでしょうか？」

セミナー等で、輸入ビジネス初心者からいただく、最も多い質問です。

「次にどうすればよいか」が見えなければ、不安を抱くのも無理はありません。

輸入ビジネスは、次ページのとおり「7ステップ」で進めていくことになります。

ステップ1 日本にまだない有望商品や、日本市場で売れているけれど改善やアップデートの余地のある商品(デザイン、価格など)に目星をつけておく

日本の市場で需要が見込まれるにもかかわらず日本では流通していないものや、すでに流通してはいるものの手に入りにくかったり、売れている商品でも値段が高く手を出せな

輸入ビジネスの流れ

・ステップ1 日本にまだない有望商品や、日本市場で売れているけれど改善やアップデートの余地のある商品（デザイン、価格など）に目星をつけておく

↓

・ステップ2 海外の展示会やオンラインで商品を探す

↓

・ステップ3 メーカーに日本への輸出実績を尋ね、サンプルをオーダーする

↓

・ステップ4 販売価格を決める

↓

・ステップ5 サンプルを使って展示会などでお客さまの声を聞き、「前注文」を取る

↓

・ステップ6 少量をオーダーし、販売して、市場の反応を確認する

↓

・ステップ7 市場の反応がよければ、本格的に輸入して販売する

い人がいたり、「もっとこんな機能があったらいいのに」など改良の余地があったりするものを探しておきます。

目星をつけておくことで、展示会やオンラインで商品を見つけやすくなります。「日本にまだない商品」という言葉は魅力的に聞こえるかもしれません。

ただ、何が何でも「日本にない商品を扱いたい」とこだわりすぎると、痛い目に遭います。

「日本にない商品」には新奇性があります。一見、いいことだらけのように思えますが、新奇性の高い商品は、市場に浸透させるまで時間がかかります。

しっかりとマーケティングをしないと、「売れずじまい」になりかねません。「ステップ1」はとても大切な作業です。

すでに日本で流通している商品でも、「現行の商品より便利な機能がある」「デザインがいい」「価格が安い」などメリットが提示できる商品であれば、売上が見込めます。「日本にない商品」にこだわりすぎず、柔軟に対応することも大切です。

新奇性のある商品はじっくりマーケティングをし、市場にすでにある商品はすぐ流通させる。このメリハリが大切です。

ステップ2 海外の展示会やオンラインで商品を探す

事前リサーチにもとづいて、海外の展示会やオンラインで商品を探します。

気をつけてほしいのが、メーカーを複数社ピックアップしておくこと、さらに、なるべく1つのメーカーのすべての商品を取り扱うことです。

複数のメーカーをピックアップする理由は、メーカーによってやりとりの仕方、スピードなどが異なるためです。同時にやりとりしていく中で組みやすい相手を選びましょう。また、いくつかのメーカーとやりとりしておけば商品の市場性をはかる際にも役立ちます。

1つのメーカーのすべての商品を取り扱う理由は、メーカーの代理店となるうえでフルラインナップを揃えておくほうが、メーカー自体のコンセプトも打ち出しやすく、メーカーとの結びつきも強くなり、信用も得られやすくするためです。さらには一商品のみだと商品群も貧弱に見えてしまうため、それを避ける意味合いもあります。

メーカーの異なる商品を雑多に並べるよりも「世界観」が伝わり、お客さんにメーカーの良さがわかっていただけます。

少なくとも、一とおり揃えておくことが、今後の展開にも有効です。

ステップ3 メーカーに日本への輸出実績を尋ね、サンプルをオーダーする

めぼしい商品を売っているメーカーを見つけたら、コンタクトをとって日本への輸出実績を尋ね、続いてサンプルのオーダーをします。

サンプルを取り寄せると、品質や機能、デザイン、サイズ、カラー、材質、仕上げなどをチェックすることができます。

サンプルは、あとで本オーダーしたときに「品質の照合サンプル」にもなりますから、大事に取り扱いましょう。

このタイミングで、原価やさまざまなコストを確認しておきましょう。

ステップ4 販売価格を決める

「値決めこそが経営」「価格は覚悟」と言われるように、価格決めは重要です。

薄利多売の価格競争に巻き込まれてしまうと、大企業には到底かないません。十分な利

益を確保できる価格づけをすることが必要です。

私がオススメしている価格のつけ方は、ヨーロッパであれば原価の5倍、アジア、アフリカ地域の商品であれば原価の10倍をつけるという方法です。この価格のつけ方であれば、様々なコストを包括しており、問屋など中間業者を利用したとしても、十分に利益を確保することができます。

価格を自由に決められるメリットを最大限に活かし、しっかりと利益を確保しましょう。

ステップ5　サンプルを使って展示会などでお客さまの声を聞き、「前注文」を取る

商品が売れるか売れないかは、最終的にはお客さまの判断にかかっています。展示会などでサンプルを見せ、商品に対するお客さまの声を謙虚に聞きましょう。

お客さまの声を踏まえて、メーカーにフィードバックし、「前注文」をとります。日本市場に適合させるため、品質や仕様を変更してもらうのも重要な仕事です。

ステップ6　少量をオーダーし、販売して、市場の反応を確認する

サンプルとオーダー品がまったく違うケースもあるので、注意が必要です。

「サンプルを見て気に入ったから」「展示会で好評だったから」と、大きな可能性を感じたとしても、いきなり大きなオーダーはせず、まずは少量で「トライアルオーダー」をするに留めましょう。

また、商品によっては、潜在的な欠陥を持っている場合もあります。欠陥を持っている商品かどうかを見極めるためにも、いきなり「本オーダー」をせず、「トライアルオーダー」に留めておくのが効果的です。

トライアルオーダーで届いた商品をある程度の期間、実際に使ってみて、性能や使い心地を検証し、よいと思ったらテスト販売して市場の反応を見ましょう。

ステップ7 市場の反応がよければ、本格的に輸入して販売する

ステップ6まで順調に進み、商品に対するお客さまの反応もよく、「たくさん売れそうだ」という手ごたえを感じられるなら、本オーダーを入れ、販売しましょう。

このタイミングで独占販売権について、打診（すでに話をしている場合は、最終確認）するのがベストです。

それぞれのステップにおいて押さえておきたいことについては、次節以降でお話しします。

複数メーカーとの取引も「現在地」が見えれば安心

輸入ビジネスが軌道に乗ってくると、1つのメーカーだけとの取引ではなく、同時に複数のメーカーと案件を進めることも多くなってきます。

「7ステップの中で、今はどのステップにいるのか」を一つひとつ確認しながら進めていけば、混乱することはありません。

「現在地」がわかっていれば、どんなに事業が大きくなり案件の数が増えても安心です。

2 正しく賢く「商品」を見極める

☑「CLV」を意識する

「輸入ビジネス」で取り扱う商品として、どのようなものに目をつけ、扱うべきか。極論をいってしまえば「売れる商品」がベストですが、モノが売れる・売れないは時流などの突発的要素にも大きく影響されます。

そもそも最初から「売れる」と確定している商品はありません。どうやって売れる商品にするのか、どうすれば売れるのか、どう見せればよいのか、ターゲットは誰かなどを複合的に考え、マーケティングを行い、その商品に合った売り方をしなければなりません。

そこで本節では、「どのような観点で商品を選ぶべきか」「どのような商品は避けたほうがよいか」の指針、気をつけるべき視点を押さえておきましょう。

「輸入ビジネス」は輸入した商品を販売することで利益を上げます。できるだけコストをかけないで仕入れることができれば、必然的に利益率が高くなり、収益も増え、ビジネスがうまく回り始めます。

商品を選ぶうえで、コストも視野に入れる必要があるということです。

最もコストを低く抑えられる指針が「CLV」です。

「CLV」とは、小さくまとまるもの(compact)で、軽く(light)て、価値があるように見える(value)商品を指した略語です。アクセサリー等がその典型です。

「CLV」を意識して商品選びをすれば、リスクを最小に抑えられるうえ、輸送コストも最小限に抑えられます。

ただし、「CLV」はあくまでも「コストを抑えること」を第一に考えた場合にベターな指針であり、「CLVこそが絶対」というわけではありません。CLVには該当しないものは取り扱わないほうがよいわけでは決してありませんので、ご安心ください。

☑「法律に抵触しない商品」を選ぶ

法律に抵触しない商品を選ぶことも必要です。

海外では取引ＯＫの商品であっても日本では違法になる商品は、意外とあるのです。

免許を取得したり、許可をとったり、検査をしたりすることで、取り扱っても違法にならない商品も多くありますが、時間もコストも労力もかかりますから、輸入ビジネスをはじめたばかりのうちは、あらかじめ、法律に抵触しそうな商品は避けておいたほうが無難です。

抵触する可能性があるのは、以下の法律です。

電波を発する商品には規制がかかり、使用者が罰せられてしまうため、検査が必須な「電波法」や、コンセントを使う電化製品全般に適用される申請が義務となっている「ＰＳＥ法」、食品や食器、乳幼児のおもちゃなど口に入れる可能性のある商品に適用される「食品衛生法」、薬関係や効果、効能を謳う商品に適用される「薬機法」などがあげられます。

お客様に安心して使っていただくためにも、ビジネスを着実に進めるためにも、法律のチェックは必ず行いましょう。

「重いもの」「大きいもの」「壊れやすいもの」「白いもの」は避ける

輸送の際は重量、もしくは容積によって金額が決められます。大きければ大きいほど、重ければ重いほど輸送コストが高くなるわけです。

また、「重いもの」「大きいもの」は一般的に、商品単価も高くなりますから、輸入ビジネスの手始めに扱うにはリスクが大きくなります。

具体的には、家具や家電、什器《じゅうき》などは、最初のうちは避けたほうが無難です。

また、外国から運ばれてくる道中、割れものやパーツが繊細なもの、壊れやすいものは、壊れて不良品となってしまう確率が格段に上がります。

保険で補償されるとはいえ、保険が下りない場合も十分に考えられます。

不良品を販売元に返品しようにも、送料や関税がかかってしまうおそれもあり、ほとんどの場合、現地処分せざるを得ません。廃棄にもコストはかかります。

食器類や工芸品、陶器、ガラス商品なども最初のうちは避けましょう。

輸送のリスクもコストとして、考えることです。

見落としがちなのが「白いもの」です。「白いもの」は輸送の際に汚れやすく、不良品率が上がります。「淡い色のパッケージ」のものも同様、避けたほうが無難でしょう。「汚れやすい」ことは大きな欠点となるのです。

「淡い色のパッケージの商品を輸入したが、そのままコンテナに積み込まれてしまったためにパッケージに汚れがついてしまい、お客さまに届けることができなかった」といった事例もあります。商品自体に不備はなくても不良品とみなされてしまうのです。

日本人と比べて、外国人はパッケージに神経を使わないところがあるため、トラブルのもとになることも多く見られます。

日本人は「パッケージも含めて商品である」という意識がありますが、海外ではギフトボックスを重視しない傾向が非常に強く、パッケージがお粗末になっているパターンがとても多いのです。

きれいなパッケージの商品であっても、むき出しのままコンテナに積み込まれることもめずらしくありません。当然、汚れてしまい、せっかくのパッケージが台無しになってしまいますが、彼らにとってはあまり関心はありません。

淡い色のパッケージの商品を輸入する場合は、汚れがつかないような梱包にして輸送するよう指示することを忘れてはいけません。

「流行りもの」は避ける

一時の流行りものも避けたほうがよいでしょう。

コロナ禍で発生したマスク騒動のように、「まさに今、売れる」と判断し、一過性の波に乗ろうとしても、輸入には時間もかかるため、タイミング次第では一気に値崩れしてしまい、多大な在庫を抱える可能性があります。

流行りは永遠に続かないうえ、どのタイミングで終わりが来るのかわからない、ある意味でギャンブルのようなものです。

継続性を重んじるB to Bには向きませんが、「仕入れたらすぐ売れる」こと自体はもちろん、悪いことではありません。

流行りものは認知度が高いため、市場にすぐ出回りやすい特徴があります。マーケットもある程度見込まれているので、ＢｔｏＢでも重宝されます。

短期的に売り抜ける商品と、じっくりと育てながら長期的に販売する商品を見極め、バランスよく取り扱うことが理想的なのですが、それにはやはり、中級者以上の経験と能力が必要になってきます。

輸入ビジネス初心者のうちは、流行りものに手を出さないほうが無難です。

✓「好きな商品」を扱う

ここまで述べてきた指針をもとに、最終的にどのような商品を取り扱えばよいのか。

「あなたが好きだと思える商品、これならば情熱を持って扱えると思える商品」を選ぶ、これに尽きます。

好きな商品であれば、ほかの商品とは圧倒的に違うポイントや機能、魅力も見つけやすくなります。

好きだからこそ、その商品への知識は、ほかの人よりも自然と深まりますし、好きでなければ見えない「その商品の本当のよさ」を活かすことができます。これは、商品の強みになり、チャンスになります。

「好き」という気持ちは、あらゆる行動の原動力となります。商品についてより詳しく知ろうとし、より深い商品知識を身につけることができます。

「誰が欲しいものか」「どう見せれば売れるのか」などの戦略も、好きな商品であれば、市場や購買者心理も熟知しているのでアイデアが出やすくなります。マーケティング戦略を立てやすくする意味でも好きなものを選ぶのは重要な要素となるのです。

その姿勢が、メーカー側との良好な関係の継続にもつながります。

メーカー側も一生懸命考え抜いて生み出した商品ですから、自分のつくった商品を愛してくれ、本気で取り組んでくれる人に扱ってほしいはずなのです。

さらに「好き」な気持ちは、商品の購入を検討しているバイヤーにも響きます。

「この人は、この商品、この分野のスペシャリストである」とバイヤーに認識されることで、あなたは輸入者としての信用を獲得しやすくなるのです。

3 「Instagram」で商品発掘&マーケティング

☑「商品発掘」も「マーケティング」もできる

展示会に参加するのは、ちょっとハードルが高いという人にオススメの商品発掘方法があります。

「Instagram（インスタグラム）」です。

Instagramはオンライン展示会とともに、新たな展示会の形として「リモート輸入ビジネス」の大きな肝になる可能性を秘めています。

世界各国のメーカー各社が「イメージ戦略」の一環として、Instagramに力を入れているからです。

Instagram上には、さまざまな商品写真が載っています。メーカー側のイメージ戦略もわかり、日本国内で流通させる際の参考になるだけではなく、許可は必要になりますが、その写真を展示会に活用したり、ホームページに使ったりもできてしまいます。

しかも、そもそもInstagramがコミュニケーションツールですから、投稿しているメーカーに直接コンタクトをとることも可能です。まず、日本に取引先はあるか、日本で商品を広めていくことに興味はあるか、と直接問い合わせてみましょう。

Instagramなら「商品発掘」のみならず「マーケティング」までできてしまうのです。

気になった商品を取り扱っているメーカーのInstagramから、そのメーカーのファン（フォロワー）を探します。

すると、そのメーカーに興味を持った人や同じ嗜好を持った人たちのInstagramアカウントにたどり着くことができます。彼らがどういう属性の人なのかを知れば、同じメーカー、同じ商品に興味を持っている人たちの輪がどんどん広がり、その商品の購買者がどんな人なのかを知ることができるのです。

つまり、好みや購買行動を把握するのに役立てることができてしまうのです。

また、メーカーがフォローしている他のメーカーにアプローチをするのも有効な手段です。つながりがあるということは、気になったメーカーと何かしらの親和性があるということです。似たようなコンセプトを持っていたり、同じジャンルの商品を作っていたり、実際に交流のあるメーカー同士ということもあります。横のつながりも確認しておくと、新たなビジネスチャンスにつながっていくことでしょう。

4 「展示会」で商品や取引先を発掘する

海外展示会は「優良メーカー」と出会えるチャンス

「輸入ビジネス」に抱いていた誤解は払拭できた。さあ「輸入ビジネス」を始めよう。そう考えたときにまず必要なのが、商品です。

商品を見つける方法としては、第1章でも述べたとおり、海外の展示会に参加するのが最も手っ取り早いといえます。

さまざまな国から来た商品を一度に、大量に見られるのが展示会の魅力です。商品探しにおいてこれほど効率のいいことはありません。

海外の展示会に出展しているメーカーはおおむね、信頼度が高いといえます。

海外の展示会に出展するには、日本国内の展示会とは比べものにならないほどに高いハードルが存在します。コスト面では日本の数倍はしますし、厳しい審査も入ります。

つまり海外の展示会では、展示会運営会社によってある程度のふるいにかけられたメーカーと出会えるわけです。


オンライン展示会は、より手軽に参加することが可能であり、それが最大の魅力です。オンライン展示会のウェブサイトでは、とくに登録をしなくても、出展者の情報を見ることができます。めぼしいメーカーが出展しているかどうかをまずチェックし、取引したいメーカーが見つかったら展示会へ参加登録するといいでしょう。

「オンライン展示会」から関係をつくるには？

オンライン展示会で取り扱いたい商品を見つけたら、まずはメーカー側に問い合わせてみましょう。

商品画像はイメージ写真であり、実際の質感はわからないので実物を確かめる必要があります。

そこで必要となるのが「サンプルオーダー」です。

サンプルを取り寄せ、実物を確認するのです。

メーカー側に「サンプルをオーダーしたいから、プライスリストやオンラインカタログを送ってもらえるか」と聞くと、スムーズにファーストコンタクトができます。届いたプライスリストやオンラインカタログを見ながら、商品を選び、オーダーをしましょう。

サンプルをオーダーすることで、相手メーカーの「見込み客」になることができます。ここが人間関係の第一歩です。サンプルをオーダーする商品について、「どのような点を素晴らしいと感じたのか」をアピールしましょう。

「デザインにほれ込んだ」「会社の考えに共感する」などと具体的に伝えると、相手も好感を持って応じてくれます。

サンプルを実際手にすると、質感、サイズ感、使い心地がわかります。梱包や輸送の仕方を考えるうえでも、サンプルは必須と言えるでしょう。

☑「サンプルは「3つ」取り寄せる

もう1つ、サンプルには「後に商品をオーダーした際、品質照合の対象となる」という役割もあります。

「サンプルだけはとてもいいデキだったのに、大量発注した途端にクオリティが落ちた」という事例もないわけではありません。

そのため、最初にオーダーしたサンプルを保管しておき、次回以降のオーダーの商品が届いたときに見比べることをオススメします。

サンプルは、同じ色、同じ形の商品を3つ用意しておくと、「保管用」と「お客さま見本用2つ」で不自由なく使うことができます。展示会や営業先で、お客さまにもしっかり触っていただき、使っていただきましょう。

お客さまの生の声は、テストマーケティングとして貴重な材料になります。

サンプル費用と展示会費用だけで、日本市場における商品の将来性を確認できるのであれば、これほどリスクが低く、コストパフォーマンスの高い方法はありません。

ただし、サンプルはあくまでもサンプル。「念のためにたくさん頼んでおこう」と大量に注文してしまっては本末転倒です。1商品につき3つほどの注文までに留めましょう。

輸入したい商品を見つけたら、まずプライスリストやカタログをもらい、商品を選んでオーダーし、サンプルを送ってもらうように手配します。

サンプルは「有料」と心得る

日本国内では、化粧品やサプリをはじめとして、「サンプル=無料」というイメージが強く広がっています。

しかし世界的な共通認識としては、サンプルに「無料のもの」という意味はありません。

ですから、「3つ分の費用がかかる」と考えておきましょう。

メーカーには、商用の商品ではない、「サンプル」である旨を請求書（インボイス）に示してもらう必要があります。

そうしないと、販売用の商品コピーとして関税がかかってしまう場合があるからです。

一方、稀に、サンプルが無料になる場合もあります。

将来性のありそうな取引相手だと判断されたり、商談が盛り上がったりして、メーカーが「この人との取引なら、サンプルの料金はこちら持ちでいいや」と判断した場合です。

この場合は、メーカーからサンプルのみが送られてきて、請求書は送られてきません。

先方から請求書が送られてきた場合は「有料」、送られてこなければ「無料」だと考えるとよいでしょう。

5 「価格」は強気で決めていい

ヨーロッパ商品は「仕入れ値の5倍」、アジア商品は「仕入れ値の10倍」

扱う商品を決めたら、値決めをしましょう。

値決めには慎重さが求められます。

高すぎては売れませんし、安すぎると資金難に陥ります。

値決めを誤ると、自転車操業的な経営を余儀なくされてしまい、継続的な事業を運営しづらくなってしまうのです。

私は「輸入ビジネス」において、「継続性」を重要視しています。

メーカーと関係を構築し、関係を深め、「いかにそのメーカーの商品を日本に広めていくか」「いかに長く売り続けられるようにするか」を考える。そこに、ビジネス本来の楽しみがあります。

継続して事業を営む中で、日本の会社からほかの商品を求められたり、新たなメーカーと出会ったりしながら、どんどんつながりが広がっていく。このように成長していくのが、輸入ビジネスの理想の姿と考えます。

輸入ビジネスを継続させるために重要なのが、値決めです。販売価格の設定は、あなたの「市場戦略」そのものです。

私は経験上、「ヨーロッパの商品には仕入れ値の5倍、アジア諸国の商品には仕入れ値の10倍を付けるとよい」とお伝えしています。

仕入れにかかった値段に上乗せした分が、あなたの利益と、商品を全国の小売店に届けてくれる中間業者の利益となります。

アジアの商品は、たとえ仕入れ値の10倍の価格をつけたところで、そもそもの物価の差や人件費の差があるため、高くなりすぎるということはありません。

一方、ヨーロッパの商品の中には、メーカーのこだわりが強い商品であったり、大量生産品ではないハンドメイド商品であったりすると、そもそもの原価が高いものも存在します。このような商品に5倍の価格をつけてしまうと、あまりにも相場観より高くなりすぎることもたまにあります。

「仕入れ値の5倍」では高くなりすぎた場合は、販路とのバランスを考えて掛け率を調整します。

販路とのバランスというのは、たとえば、「問屋を通さず、直接小売店のみと取引する」、もしくは「自社販売のみに注力する」ことで、コストを抑えられれば、価格を低くしても十分な利益を確保することができるでしょう。ヨーロッパの商品であれば、仕入れ値の3・3〜3・4倍くらいまでは下げることも可能となるはずです。

どのようなバックグラウンドの商品を、どのように売っていくか。
それを考えつつ、市場で受け入れられる価格かつ、
自身の利益も十分に確保できる価格になるように調整する。

これが「値決め」であり、「販売戦略」です。

「導入しやすいエントリー商品を買いやすい価格に抑え、まずはファンを増やし、ファン向けの商品や消耗品・交換品の価格を高めに設定しておくことで、エントリー商品で抑えた利益分を回収する」などの戦略も自由に立てることができます。

値決めの方法には2種類ある

一般的な値決めの方法には、「コストプラス方式（加算方式）」と「コストブレイクダウン方式（逆算方式）」の2種類があります。ここで整理しておきましょう。

1　コストプラス方式（加算方式）

コストプラス方式は、コストを積み上げて定価を決める考え方です。

輸入品には、商品の仕入原価をはじめ、物流コスト、マーケティングコストなど、さまざまなコストがかかります。

コストの合計額に、あなたの利益や、問屋・小売店など販売チャネルの利益を上乗せして決めるのが、コストプラス方式です。

コストプラス方式では、ライバルとの競合や値頃感が意識されない価格になる場合が多々あるため、注意が必要です。

あまりにも高い価格になってしまいそうな場合は、「販売チャネルを絞ってコストを削る」「エントリー商品のような利益の薄い商品と、利幅が取れる商品を組み合わせて利益を調整する」「そもそもの原価を下げられないか、メーカーと交渉する」などの対策が必要となります。

2　コストブレイクダウン方式（逆算方式）

コストブレイクダウン方式は、最初に定価を決めてしまう考え方です。

さきほどご紹介したように、「ヨーロッパの商品は仕入れ値の5倍、アジアの商品は仕入れ値の10倍」など、ある程度の基準を先に決めてしまうのがコストブレイクダウン方式です。

商品には、お客さまの感覚や相場観などによってつくられる、適正な価格帯が存在します。

その価格帯をにらみながら、定価を決めるこの方法は、「商品として消費者に受け入れられやすい値段」に落ち着きやすい決め方といえるでしょう。

ライバルとの競合の度合い、あなたの商品の持つ希少性、文化的価値などによって、利益幅を増減させることもできます。

類似品がまったくない、新しいものを取り扱う場合、競合がいないため、新しい価値を創造することとなります。その価格に見合う価値を伝えるマーケティングが必要ですが、完全にあなたの言い値が市場の価格となるので、強気の値段設定が可能となります。

日本市場に類似品がある場合は、これまで流通していた商品とどこが違うのか、その商品と比べてどこが優れているのか、メリットは何なのかをハッキリ言いつつ、類似品をベースに価格設定をするのがいいでしょう。類似品があるからそれよりも安くしなければいけないわけではありません。

類似品よりも優れている、価値があると思えば競合があったとしても強気の価格設定をしてもいいのです。

イギリスの家電メーカーであるダイソンは、まさしくその好例です。

ダイソンは掃除機という一般に流通しきって相場観が出てしまっていた商品に価格の面

で革命を起こしました。

デザイン性に加え、「吸引力の変わらない、ただひとつの掃除機。」のキャッチと高い価格をつけることで高級品のイメージを植え付けることに成功したのです。

商品自体は音が大きいなど、デメリット部分も多かったようですが、買った側が満足感を得られるような工夫を凝らして販売した結果、大成功をおさめたのです。

価格は競合や相場観によって必ずしも左右されないのがおわかりいただけたでしょうか。

価格は売る側の覚悟の表れです。
最初は思い切った値付けをすることを強くオススメします。

6 「独占販売権」を取って総代理店になる

「独占販売権」とは何か

取り扱う商品を決めたら、「独占販売権」を取りましょう。

「輸入ビジネス」では、商品ごとに権利を取るのではなく、会社の商品全部で権利を取得するのが基本です。

独占販売権とは、そのメーカーの商品を日本で独占的に扱えるようになる立場、すなわち日本での「総代理店」になることを指します。

Aさんが、ある海外メーカーの独占販売権を持っているとしましょう。

すると、ほかの日本の会社がその海外メーカーに「取引したい」と連絡してきた場合、海外メーカーは、「日本での窓口はAさんなのでAさんを通してください」と対応します。

日本市場において、該当商品を扱うにはAさんの許可が必要になるということです。

独占販売権を得ることで、あなたはAさんの立場に立てるわけです。

代理店になったあなたは、「その商品を扱いたい」と願う問屋や小売店を探して、営業をかけ、「B to B」の取引を行うことで、仕入れた商品を日本中に広めることが可能となります。

日本におけるそのメーカーの窓口は、あなた1人だけですから、小売価格の設定はあなたの自由。同じ商品で競争になることもありません。

日本国内どこで売れても、そのメーカーの商品はすべて、あなたを介して流通したものなので、そのままあなたの利益となります。あなたの努力や行動、広告宣伝がすべてその商品の流通に直接反映されるため、メーカーに対して腰を据えたマーケティングが必要となり、その活動が事業の安定をもたらします。結果として輸入ビジネスを長く続けていくことを可能にするのです。

独占販売権を保有することには、次の2つのメリットがあります。

メリット1　自由に価格設定ができるうえ、値崩れしない

独占販売権を獲得すると、日本での海外メーカーの総輸入元になります。そのため、日本における「定価」の設定が可能となります。

定価をもとに、「何パーセントの掛け率でＢ ｔｏ Ｂの取引をするか」が決められるので、卸（問屋）を介するのか、小売店のみに直接卸すのか、自社のオンラインショップでＢ ｔｏ Ｃのみで売っていくのかなど、自分の思いどおりの戦略を立て、利益幅を自由に調整することができるのです。

メリット2　商品の知名度アップが、自分の会社の知名度、売上向上にそのままつながる

商品の知名度がアップすると、その商品を取り扱っているあなた自身の知名度アップにつながります。

その商品が話題となり、メディアで紹介されたりすれば、多くの人は自然と販社、代理店にも目が行くようになります。すると、次の商品を取り扱う際にも「話題のあの商品を手掛けた会社の新商品」として注目してもらうことができます。

取引先が、その商品を売ろうと宣伝してくれると、あなたの会社も儲かる、というわけ

です。めでたくヒット商品となれば、商品の知名度とともに、あなた自身の知名度も上がっていくでしょう。

「売上保証」を飲んではいけない

独占販売権には1つだけ、デメリットがあります。
メーカー側が取引の条件としてギャランティ（売上保証）を課してくる場合です。

売上保証の提示をされた際は、その条件を安易に飲んではいけません。

設定された売上を達成できなかった場合、ペナルティを払わせられることがあるからです。だからと言って、無下に断ってしまうと契約してもらえないこともあるので、「売上保証」を条件としてある金額を提示されたら、「ターゲット」、つまり「目標」として設定し直すことで回避しましょう。あくまで目標とすることで誠意を見せつつ、達成しなくてもペナルティが起きないようにするのです（「ターゲット」を設定した後に、実際にギャランティを要求してくる会社はほとんどありません）。

ギャランティを要求するメーカーは、たいていの場合、商品に対してかなり自信があるか、あまり現実が見えていないことがほとんどです。そのようなメーカーはのちのち、別の条件面でも厳しくなることが予想されますから、はじめから選ばないほうが無難でしょう。

ヨーロッパのメーカーは基本的に、対等な関係を望みます。年間計画などもお互いにすり合わせ、切磋琢磨していく姿勢を見せれば、良好な関係を築けます。

「独占販売権」を獲得しやすいメーカーは3種類

輸入ビジネス初心者でも独占販売権を取りやすいメーカーは、大きく3種類に分かれます。

1　設立してから間もないメーカー

展示会場やオンラインで見かける、まだビジネスを始めたばかりのようなメーカーや、今まで自国のみで商品を広めていたような小さなメーカーは、日本の輸入業者とのかかわりがまったくないことも珍しくありません。

設立年月日が若いメーカーや、Instagramなどの告知系のＳＮＳで投稿が少ないメーカーは、新しいブランドを立ち上げたばかりだと考えられます。

そのようなメーカー、ブランドは狙い目です。

立ち上げたての多くのメーカーにとっては、自分たちが想定した以外のマーケットである日本市場は魅力的に映るのです。

現状、誰もライバルがいないということであれば、独占販売についての話は格段にしやすくなります。

ＢｔｏＢで日本中に卸をかける、願ってもないチャンスなのです。想定していない商圏からのオファーですから、相手は喜んで飛びつくでしょう。そもそも「想定していない商圏」なのですから、先方にとってリスクはほぼゼロ。「とりあえず任せてみよう」という気になるのは自然な流れです。

2　日本へのアプローチを画策しているメーカー

日本のマーケットにアプローチしたいと考えているメーカーも狙い目です。

日本市場は取引システムが独特で、卸売りを介したりするなど、海外メーカーにとっては複雑極まりないため、この取引システムを理解し、自社で取り組むのには、大変な予算とエネルギーが必要になります。

さらに、日本人のほとんどが日本語しか話さないという言葉の問題もあり、小さなメーカーはなかなか日本まで商圏を広げられないのが現状です。

あなたからの「日本の窓口」としての独占販売権のオファーは、メーカーにとっては「渡りに船」というわけです。

メーカーとしては、あなたがどのようにして日本で商品を売ってくれるか、自分の商品を情熱をもって愛してくれているか、自分の商品をどれくらい流通させてくれるかが大きな関心事となります。

そこでマーケティング手法の1つとして「日本の展示会に出展する」「まずはクラウドファンディングで日本の市場の反応を見てみる」など具体的な戦略を提示してあげると、相手は乗ってきてくれます。

中でも効果的なのが、「自費で日本の展示会に出展する」という提案です。

「来場者数十万人の日本の大きな展示会に、コストは輸入者側持ちで出展する」というオファーに、メーカーは「大きなリスクを負ってくれる」と意気に感じ、「それ相応の対応をしなければ」とモチベーションを高めてくれます。

3　日本に輸出した実績のあるメーカー

すでに日本への輸出実績があるメーカーも、チャンスがないわけではありません。日本の会社と取引をした経験から、日本の取引システムの複雑さを十分に痛感しており、「日本国内の流通は日本人に任せたほうがいい」とよくわかっているはずです。

独占販売権のオファーを前のめりで聞いてくれるメーカーも多いでしょう。

また、相手は日本市場の品質基準を理解しているため、パッケージの仕方などもしっかりとしたクオリティでつくってくれます。わざわざ「パッケージの仕方にも力を入れてください」と指示する手間が省けるのは、付き合う上で大きなメリットです。

現在、ほかの日本の業者と取引をしている場合、
メーカーはあなたに自分の商品を一括して任せることができません。

あなたは「数ある業者」の中の1つとして扱われ、価格や仕入れ数の競争に巻き込まれてしまう可能性があります。

この場合、独占販売権にこだわらず、「この商品は、サブ扱いとして売上をあげるための単なる一商品」として、こちらも割り切るのも1つの方法です。

しかし、こうした問題を打開する術がないわけではありません。

「あなたの企画・アイデアによる商品を特注生産させ、
その商品についてだけ独占販売権を得る」のです。

サンプルを仕入れ、お客さまの反応、アドバイスをもとに、商品を改良してあなたのオリジナルとして販売する。これで他業者との競争を避け、自由に価格を設定できる権利も持つことが可能となります。

この手法は、主にアジア圏など、単価が安く、工場を自社で持っていてOEMに対応している会社に有効な手段であるといえます。

OEMとは、original equipment manufacturingの略で、その会社の商品としてではなく、他社（この場合はあなた）の商品として新たな商品を製造してもらうことを指します。つまり、メーカー側が自社の工場を持っていてOEMに対応していれば、自社工場のような取り扱いができ、あなたの会社の製品として商品を製造することができるので、商品単価や人件費が低いアジアの会社と取引するのが有効です。

7 ＢｔｏＢに適した「販売チャネル」を選ぶ

☑ 3つの有力な販売チャネル

商品には、その商品に適した「販売チャネル」、つまり販売先というものがあります。
まずは、あなたの商品に最も適したチャネルを探しましょう。
「ＢｔｏＢ」で有力な販売チャネルは、次の3つです。

1 問屋・卸商

広域的な販売網で一度に大量のお客さまを獲得できるチャンスがあるチャネルです。
ただ、問屋との取引では注意すべきポイントがあります。
商品への思い入れの「温度差」です。
あなたにとって、自身の商品は「オンリーワン」であっても、問屋にとっては「膨大な商品を取り扱っている中での単なる一商品」に過ぎません。

「どうすれば自分の商品に関心が高まるか」を、あなたは必死に考えなければなりません。

問屋に訪問し、営業員に直接アピールするのも1つの有力な方法でしょう。人間関係は重要なカギとなります。

ネット全盛の今の世の中においても、ビジネスの基本は「人と人」です。このポイントを外さない輸入者が成功するのです。

また、問屋と組む際は、傘下の小売店を多く持っている問屋を選ぶのがコツです。傘下の小売店が多ければ、一度のマーケティングで販売効率が高くなるからです。

2　小売店(チェーン店、百貨店、ホームセンター、スーパーなど)・直卸

小売店へ直卸するメリットは、流通コストを省くことによって粗利を高く出せることです。多店舗展開をしているチェーン店、百貨店、ホームセンター、スーパーなどであれば、

一気に商品の知名度を上げられるメリットがあります。
デメリットは、小ロットにも対応できる柔軟な物流システムを持たなければならないことです。また、あなたの商品のテイスト、特性に合った小売店を探し、そこにダイレクトに商品を卸す必要があります。ただ、小売店探しは展示会への出展で解決してしまいます。物流に関しては専門の業者がおり、そこに在庫と発送をまとめてお願いすることが可能です。

3 通販会社・テレビショッピング会社

通販会社やテレビショッピング会社は、常に目新しい商材を探しています。

商品の「鮮度」を重要視するのです。

あなたの商品に「日本初上陸」、特許などの「知的所有権」「オリジナリティ」「真新しさ」といった特徴があれば、通販会社やテレビショッピング会社はオススメできるチャネルです。通販から大ブレイクした商品が多いのもご存じのとおりでしょう。

ただし、デメリットがないわけではありません。

通常、通販会社は「事前の商品買い取り」をしません。「受注発注方式」と言われる手法をとっているため、在庫の責任はあなたが持つことになります。仕入れ数量を読み間違えると過剰在庫を抱えることになります。

問屋を通す場合も多いですが、覚えておく必要があります。

商品特性を見極め、販売の最適化を図ることが大切になってきます。

どうやってチャネルと接点を持つのか

「さまざまな販売チャネルがあり、それぞれにメリットとデメリットがあることはわかった。でも、どうやって販売チャネルと接点を持つの？」と感じる人もいることでしょう。

費用対効果を考えた場合、「展示会に出展する」のが最も効率的です。

展示会に出展することで、たった数日の投資でさまざまな販売チャネルの担当者と接点を持つことが可能となります。

しかも相手は「新しい商品を見つけよう」というモチベーションを持って来場してくるわけですから、見込み顧客としての確度も格段に上がります。

直接アポをとり、飛び込みで営業するよりも、コストパフォーマンスは圧倒的に高くなります。

第3章

リモート輸入ビジネスの「手続き」の仕方

1 「心の準備」をしておけば判断に迷わない

知っておいて損はない「手続き」の知識の数々

本章では、ここまでの内容からちょっと踏み込み、支払い、契約、通関、保険などの専門的な手続きについてお話しします。

基本的な貿易知識として「知っておくべきこと」、さらに「知っておいて損はない」ことをお話ししていきます。なかには「ちょっと難しいな」と感じることもあるかもしれませんが、あくまでも「貿易知識として知っておいて損はない」程度の重要度であり、小規模で行う輸入業ではあまり遭遇することのない事象もあります。

また、詳しくは後でお話ししますが、「専門業者に丸投げする」という手段もあります。

輸入ビジネスを手掛ける際、知識として知っておくことで、ほかの人間やプロに任せるという判断が下せるようになるため、押さえておきましょう。

輸入量が増えたり、コンテナ輸送が増えたりなど、事業規模が大きくなると、専門的な手続きが発生する可能性があります。

「こういうこともある」と知っておいたうえで実際に遭遇するのと、まったく知らずに遭遇するのとでは、その後の対処がまるで変わってきます。

今の段階では「そういうこともあるのか」程度にお読みいただき、いずれ必要になったとき、もう一度読み返して、具体的な対応を確認しましょう。

なお、様々なやりとりがオンラインで行われるようになった結果、手続きが簡略化されたり、なくなったりしていることもあります。

とはいえ、状況が定まっていませんし、しておいたほうが便利になる手続きもあります。本章でお話しする知識が、いずれきっと役に立つ時が来るはずです。

2

「代金決済」の方法は大きく分けて3種類

代金の支払い方法も状況に合わせて選ぶ

メーカーに商品を発注すると同時に、あなたには商品代金を支払う義務が発生します。

海外との取引における代金決済は、日本国内の送金とは異なる点があります。

海外へ支払う際の代金決済の方法は、主に次の3つです。

1　銀行為替、電信送金（T／T）
2　信用状（L／C）付荷為替手形決済
3　オンライン決済

それぞれ説明しましょう。

1 銀行為替、電信送金(T/T)

自身の取引銀行から相手の海外の口座に直接代金を支払う、最も古典的でシンプルな決済方法です。

T/Tは、「Telegraphic Transfer」の略です。

銀行経由で外貨を送金することを指し、銀行決済の手数料が低いのが特徴です。

ただし、「代金を支払ったのに商品が届かない」「商品を送ったのに、代金が支払われない」という事態も起きています。

そのため、送金で決済する場合、できれば「前払いで30パーセント、船積み後、もしくは入荷後に70パーセントを送金する」という条件で交渉するべきでしょう。これでリスクを減らすことができます。

「後払い分」の送金のタイミングは、「日本の港に到着した段階」ではなく「船積みした時点」で要求されるケースがほとんどです。

船積みすると、メーカーには船会社からその旨を証明する書類が発行されます。

この書類は「B/L(船荷証券)」と呼ばれるもので、B/Lを持っている人間が、最終的に荷物を受け取ることができるという仕組みになっています。

海外メーカーは、船積みを終えた時点で、船積みをしたという証拠として、B／Lのコピーを先にあなたに送り、たいていの場合、同時に残りの70パーセントの送金を求めます。

なお、メーカーと取引を繰り返して信用を得られたら、「商品が港に着いてからの送金でOK」など、条件緩和の交渉もできることでしょう。

2　信用状(L／C)付荷為替手形決済

これは、輸入地と輸出地の取引銀行（日本の銀行）が輸入者に代わって支払いを確約する支払い方法です。

「信用状（L／C）付荷為替手形決済」は貿易特有の取引方法で、端的にいえば「何かあったとき、銀行があなたの代わりに代金を支払うことを確約します」というシステムです。

何かあったときの対応をしてもらえるというのは心強いメリットになりますが、メーカーとあなたが手数料を負担しなくてはならないというデメリットもあります。

「信用状（L／C）付荷為替手形決済」は主に、コンテナ単位での取引など、規模の大きな貿易で条件とされます。個人の輸入ビジネスでは、使う機会があまりないかもしれませんが、「L／Cという支払い方法がある」ことを知識として知っておきましょう。

荷為替手形決済の方法としては、ほかに「D／P決済」「D／A決済」などがあります。いずれも初心者は覚える必要はありませんので、本書では割愛します。

3　オンライン決済

今後はこの「オンライン決済」が主流になっていくことでしょう。「銀行為替、電信送金（T／T）」や「信用状（L／C）付荷為替手形決済」のような煩わしい手続きがほとんどなく、手数料も安価なことから、扱いやすい決済方法だといえます。「オンライン決済」を取り入れることができれば、「オンライン上で完結させるB　t　o　Bビジネス」が可能になります。

わざわざ関係各所へ出向く必要もなく、非常に合理的かつスピーディであり、すべての時間短縮、コスト削減につながります。

「オンライン決済」の代表的なものには、PayPal（ペイパル）やWise（ワイズ）〈旧TransferWise（トランスファーワイズ）〉などの海外送金サービスがあります。

それぞれの特徴を見ていきましょう。

①PayPal（ペイパル）

PayPalは、ペイパル社が事業者と消費者の間に入ることで、オンライン上でデビットカードやクレジットカードでの決済、銀行決済を安全に行うことができるサービスです。クレジットカード情報はPayPal内で処理され、取引に対する保証制度があるため、安心して取引することができます。

ただPayPalは、「相手もアカウントを持っていること」が条件になりますので、使い勝手という意味ではイマイチかもしれません。

②Wise（ワイズ）〈旧TransferWise（トランスファーワイズ）〉

銀行などの海外送金と比べ、かなり割安で海外送金できるサービスです。

送金主はWiseの日本の口座に送金し、一方でWiseが送金先の国に持つ口座から払い出しすることになります。

そのため「海外送金」というより、限りなく「国内送金」に近い感覚で利用できます。

海外送金の際も、間に入る銀行への手数料などのコストが省けるうえに、わざわざ銀行に行く手間もありません。

また、Wiseは、先方がアカウントを持っている必要がなく、相手側の銀行に直接振り込みができるため、合理的かつ便利です。

上限額が決められていますが、少額の取引であれば使い勝手はよいでしょう。

PayPalとWiseはともに、「資金移動業者」としての認可を受けたサービスです。

類似のサービスが増えてきており、「オンライン決済」は今後の主流になると予想されます。

3 4種の「貿易条件」を押さえる

貿易には「国際ルール」がある

サンプルを仕入れ、日本国内にお客さまを見つけたら、注文数の商品をメーカーに発注し、仕入れることになります。

そこで知っておかなければならないのが、商品を海外から輸送する際の「貿易条件」です。通称「インコタームズ」と呼ばれる、商取引の国際ルールです。

国が違えばルールや取り決めが異なるのは当然ですが、当事者同士がそれぞれに自国のルールを主張すると、スムーズな取引ができず、もめる原因にもなります。

そこで、国際商業会議所が制定した国際ルールが、「インコタームズ」と呼ばれているものです。2021年6月の時点では、2020年度に発効した「インコタームズ2020」が使われています。

インコタームズは、貿易の「取引条件」であり、貨物に関するリスク負担の範囲と費用負担の範囲が定められています。

あなたが海外から商品を輸入するにあたって、海外の工場でつくられた商品の送料をどの地点から持ち、保険料を含めたリスクをどの地点から負うか、を取り決めた国際ルールとなっています。

覚えておくべき4つの貿易条件

「インコタームズ」で定められている代表的な項目は、次の4つです。

・価格条件（建値条件）
・引渡しの場所
・危険（リスク）の移転時期
・輸入業者と輸出業者の費用負担の分岐点

これら4つの貿易条件を、インコタームズでは2クラス11種類に細かく分類し、輸入する側と輸出する側がどういった条件でコストを負担するかなどをわかりやすく定めています。すべての条件を覚える必要はありません。現実的には次の「4種の貿易条件」を覚えておけば大丈夫です。費用負担（価格条件）の観点とリスクに絞って説明します。

1　工場渡し価格（Ex Works価格、EXW価格）

「工場渡し価格」とは、海外メーカーの工場で商品を引き取る場合の価格条件です。あなたが指定した国際貨物運送業者を工場に引き取りに派遣し、引き取った段階でリスクと費用はあなたの負担となる、という条件です。

輸出通関などの手続きもあなたが対応することになりますが、運送業者が代行してくれますからご安心ください。

リスクについても、海上保険でほとんどのリスクを回避できるため、問題ありません。「工場渡し価格」は、ヨーロッパとの取引で提示されることが多い条件です。

2　本船渡し価格（FOB価格）

「工場渡し価格」に、メーカーが工場から輸出港（空港）まで運ぶ運賃・通関・船積費用を含んだ価格条件です。アジアとの取引で提示されることが多い条件です。

リスクと費用をどちらが負担するかの分岐点が、船積み時点になります。

たとえば、船積み後、不幸にもその船が沈んだとしたら、それはあなたが費用を負担するリスクとなります。

なお、海上保険に入っておけば、それで対応できます。

3 運賃込み価格(CFR価格)

「本船渡し価格」に、輸出港や空港からあなたの指定する港や空港までの運賃を加えた価格で、C&Fと表記されることもあります。

FOBと同じく、船積みを終えた以降は、商品のリスクはあなたが負うことになります。

4 運賃・保険料込み価格(CIF価格)

「運賃込み価格」に、海上保険(航空保険)の保険料を加えた価格です。

リスクと保険料、運賃以外の細かな費用の分岐点は、「工場渡し価格」「本船渡し価格」「運賃込み価格」と同様、船積み時点になります。

米国との取引で提示されることが比較的多い条件で、日本からの、輸出の際にも多く使われます。

それまでのやりとりの多くをオンラインで行っていたとしても、輸送の手続きは、リアルで行われるものばかりです。

輸送の段階になったら、再度確認してください。

4 「納期」の決め方に気をつける

「納期」の定義は貿易条件によって変わる

日本において「納期」とは、お客さまが指定する場所に商品が届く日のことを指しますが、海外では違うため、注意が必要です。

海外との取引において、「納期」の定義は、貿易条件によって変わります。

たとえばEx Worksの場合、メーカー側の工場で商品を受け取る日を「納期」と表現します。FOB条件の場合は、船や飛行機に載せた日が「納期」となります。つまり、日本のお客さまに輸入した商品を納品できる日は、日本のあなたの手元に荷物が届くまで決められないということになります。

貿易条件における「納期」は、日本国内のお客さまへの「納期」とはまったくの別物です。誤解のないようにしましょう。

☑「リードタイム」を加味する

「納期」も「リードタイム」も、日本国内における取引の感覚とはまったく違いますから、契約の際は、納期やリードタイムを必ず確認しましょう。

商品を発注したら、すぐに発送され、届くわけではありません。メーカーが商品をストックしていればさほど時間のロスは生まれませんが、オーダーを受けてから商品をつくることも少なくありません。その場合、一定の製作期間がかかります。

その時間（生産日数）が「リードタイム」です。

貿易条件における「納期」と「リードタイム」、さらに輸送の時間などを加味してオーダーし、納期を見定める必要があります。

リードタイムが2カ月ほど必要となる場合もあります。

つまり、日本メーカーを相手にするときと同じような感覚で発注すると、手元に届くのに大変な時間を要する場合があるので、注意が必要です。

契約時に「商品のストック」の有無を確認する

「商品をストックしているか」「ストックしている場合、どこから送られてくるのか」も事前に確認しておきましょう。

自国にストックがあれば比較的迅速な発送をしてくれます。

ただ、欧米のメーカーでも「ストックは自国にあるが、生産は中国で行っているため、貿易条件や物量によっては中国から直接送る」という場合もあります。当然、この場合もリードタイムが発生します。

契約の段階で「納期」と「リードタイム」も確認しておくと、誤解やトラブルが減り、スムーズに進みます。

5 「通関」のために用意すべき5つの書類

通関は「プロ（専門家）」に任せる

あなたが発掘し、契約した商品がいよいよ日本の港に到着しました。そこで必要になるのが「通関」という手続きです。

通関とは、税金の申告・納税のことを指します。

貿易に関する税金は、賦課税（国や地方公共団体が納めるべき金額を計算し納税者に通知する）ではなく、申告税（納税者自らが、税務署へ所得などの申告を行い、税額を確定させる）です。「この商品をこれだけ輸入したから、これだけの税金を払います」と自ら申告しなくてはなりません。

ところがこれが結構難しいのです。輸入ビジネスを始めるにあたり、最も大きな障害となるのが通関かもしれません。

商品のジャンルによって税率も異なり、なかには税金がかからないものもあります。

また、すべての輸入品には消費税が課されるため、消費税を合計した税額を算出しなくてはいけません。

最も難しいのは、「その商品がどのジャンルに属するか」という判断です。課税する側の主観で決めている側面もあるため、判断がつきにくいのです。

通関に関する手続きは、自分でやれないことはありませんが、大変な手間暇がかかります。費用はかかりますが、通関は、「プロ（専門家）」に任せるべきです。

ただし、通関業者やフォワーダーといったプロに通関を任せるにあたっても、あなた自身で用意しなければならない必要書類が5つ存在します。

5つの必要書類を用意できなければ、プロに丸投げすらできないことになります。ここは頑張らなければなりません。

5つの必要書類は、129ページのリストのとおりです。それぞれの書類の入手方法をご説明しましょう。

1　インボイス（送り状、仕入れ書、納品・請求書）

あなた（輸入業者）に対してメーカー（輸出側）が発行する納品書兼請求書です。契約の段階で発行され、インボイスを元にあなたは送金の手続きを行います。商品の発送を依頼する際にも、インボイスが必要になります。

2　パッキングリスト（梱包明細書）

「貨物がどのように梱包されているのか」「梱包の数はいくつなのか」「インボイス番号と内容、大きさと重量はどうなっているのか」「梱包の外装に書かれたマーク（荷印）はどんなものなのか」が記載されている書類です。

あなたが要求することで、メーカー（輸出側）が発行し、送ってくれます。

3　運送書類（B／L、AWB）

船便輸送の場合、B／L（船荷証券）は、輸入に関する書類の中で最も重要です（航空便の場合の「航空貨物運送状」はAWBといい、同じく重要）。

メーカーがあなたの商品を船積みすると、船会社はメーカーに対してB／Lを発行しま

輸入者が用意すべき5つの必要書類

1 インボイス
（送り状、仕入れ書、納品・請求書）

付録3参考

2 パッキングリスト
（梱包明細書）

付録2参考

3 運送書類
（B／L＝船荷証券、空輸の場合はAWB＝航空貨物運送状）

付録4、5参考

4 保険証券

付録8参考

5 原産地証明書、もしくは原産品申告書
（Form A）

付録7参考

comment

なお、「3の船荷証券（B／L）」と
「5の原産地証明書（FormA）」は、
原本でなくてはなりません。
注意しましょう。

す。Ｂ／Ｌは「貨物受領書」であり、船会社が運送を引き受けたことを示す「運送契約書」でもあり、これを所持している人間だけが、船から貨物の引き渡しを請求できます。

メーカーが船会社から預かったＢ／Ｌは、最終的に受け取る相手、つまりあなたに送られてきます。

このＢ／Ｌを証明書として提示することで初めて、あなたは商品を港から引き取ることができるのです。

Ｂ／Ｌは「有価証券」であり、商品と同等の価値があるものとされているので、まずはそのコピーが送られてきます。

前払い30パーセント、後払い70パーセントの契約をしていたのであれば、あなたが残りの70パーセントの代金を送金すると、原本が郵送されてきます。

Ｂ／Ｌの原本は商品を受け取る際に渡してしまうので、万が一のために、２通発行される予備は保管しておくといいでしょう。

4　保険証券

輸入ビジネスにおいて、保険の加入は必須です。

『リモート輸入ビジネス 成功マニュアル』

本書をご購入の方へ「読者限定豪華特典」を無料プレゼント!

輸入ビジネスの成功の階段を
超スピードで駆け上がる秘密を伝授!
28年という時間をかけて構築した、
輸入ビジネスのノウハウ、エッセンスを凝縮した
豪華特典を読者限定でプレゼントします。

特典1 「儲かる商品の見つけ方」動画

この本のためだけに大須賀祐が特別に収録した未公開動画です。

特典2 「儲かる商品の見つけ方」音声&テキスト

上記の動画をいつでも読み返し復習できるように音声データとテキスト（PDF）を用意しました。

特典3 「値付けワークシート」(PDF)

「商品を選定した後、価格はどのようにつけいけばいいのか?」をシミュレーションできるシートです。価格は、あなたの販売戦略そのものです。このシートを活用して、利益を生み出す価格設定をしましょう。

特典4 「【最新版】商品発掘・商品リサーチ有益サイト集」

本書では紹介できなかった、オンラインでの商品発掘・商品リサーチに役立つサイトをまとめました。

特典5 「大須賀祐のおススメ国内外展示会リスト【最新版】」

商品発掘は、どの海外展示会で探せば良いのか? 販路開拓のため、どんな国内展示会に出展すればいいのか? そんなあなたへ、大須賀祐がおススメする展示会をまとめました。あなたの業種にあわせてお役立てください。

申込み方法①

⬇下記の URL からアクセスする

http://importpreneurs.com/slp/bk12tokuten/

申込み方法②

QRコードからアクセスする ➡

こちらでも輸入ビジネスの情報をお送りしています

365 日毎日お届けする動画メルマガ
「動画でわかる輸入ビジネス」 ➡
https://yunyu-bible.com/?p=213/

大須賀祐の Clubhouse ➡
https://www.joinclubhouse.com/@yuosuka

大須賀祐のインスタグラム ➡
@yuh_ohsuka

※特典は、WEB上で公開するものであり、冊子やDVDなどをお送りするものではありません。

※上記無料プレゼントのご提供は予告なく終了となる場合がございます。あらかじめご了承ください。

本書のご感想、ご相談はこちらから

ご連絡先 **info@importpreneurs.com**

貨物保険は、輸送開始前に加入しておきましょう（日本の保険会社がベスト）。ただし、契約直後だと、申し込みに必要な船の名前等がまだ確定していないので、通常は仮の内容で「予定保険」に入り、確定したら「確定保険」に移行します。

また、輸入のたびに手続きをしなくても自動的に保険が掛けられる「包括予定保険契約」を結ぶという方法もあります。

「包括予定保険契約」とは、あなたが将来輸入するであろう全貨物について、もれなく保険を掛けることをあらかじめ保険会社との間で協定しておく契約です。

「包括予定保険契約」は、フォワーダーや通関業者に頼めば手配してくれます。その際に発行される証券を準備しておきましょう。

保険については後の項目でも詳述します。

5　原産地証明書（Form　A）

原産地証明書の正式名称は、「一般特恵関税制度原産地証明書様式A」、略して「Form A」と呼ばれます。原産地の税関または権限を有する商工会議所等が発給します。これは、特定の地域から輸入する際に、「一般特恵関税制度（Generalized System of Preferences：

ＧＳＰ）」という制度の適用を受けることができる証明になります。

「特恵関税」とは、先進国が開発途上国から輸入する際に関税率を引き下げる、もしくは無税にするもので、開発途上国の支援を目的とした制度です。あなたが特定の開発途上国から商品を輸入する場合、原産地証明書があれば、関税を引き下げてもらえたり、関税がかからなくなったりするのです。

あくまでも「特定の地域」から輸入する際に必要となる書類なので、常に用意する必要はありません。ただし、これを適用する場合は、現状、「原産品申告書」が必要となります。現在はＴＰＰやＦＴＡ、ＥＰＡなどが拡大しているため、徐々に必要度合いが少なくなると考えられます。


ここまでにご紹介した５つの書類はすべて、メーカー側かプロの輸送業者が手配してくれるものであり、自身で作成する必要はありません。あなたがすべきなのは、確実に発行・送付してもらうこと、そして発行された書類の管理です。

必要書類を準備したうえで、商品を日本に上陸させる手続きはプロに任せる。これが最も安心で、コストパフォーマンスの高い方法です。

6 「B／Lなし」で商品を引き取る方法

「サレンダー」で最悪の事態を防ぐ

輸入ビジネスをしていると、商品だけが日本の港に先に到着し、書類がなかなか届かないケースが出てきます。

たとえばアジア諸国から輸入する場合、たいてい2～3日で商品が届きます。ところが、B／Lなどの書類は、船会社から輸入者に回ってくるまでに1週間ほどかかることがあります。

「貨物は港に着いたものの、B／Lがないために、商品を引き取ることができない」という事態が起きてしまうのです。

前述したように、B／Lの原本が手元になくては、あなたは商品を引き取ることができません。そのため、B／Lの原本が届かない間、商品が港に置きっぱなしという事態になるおそれがあります。

こうした時は、「フリータイム」を活用することになります。「フリータイム」とは、コンテナ輸送の貿易取引において、揚港のコンテナヤード等に貨物を無料で置いておける制度で、すべての荷主や荷受人がその権利を有しています。期間は10日間ほどしかなく、この期間を過ぎると、港の倉庫に超過料金を支払わなくてはならなくなります。

納期を遅らせることだけは、絶対に避けたいものです。

そこで有効なのが、「サレンダー」という手法です。

サレンダーとは、「B／Lなし」で商品を引き取ることができる方法です。

「B／Lの原本が手元になくては商品を受け取れないと言ったではないか」と突っ込まれてしまいそうですね。

もちろん、原則として、B／Lの原本が手元にないと商品を受け取ることはできません。

しかし、B／Lが商品より後に届くケースのほうが圧倒的に多いのが実状のため、正式な方法ではありませんが、「B／Lの元地回収」と呼ばれる、サレンダーという手法がとられているのです。

本来は、貨物の船積みをすると、船会社は「貨物を引き受けた証明書」としてメーカーにB／Lの原本を手渡し、その原本があなたに送られてきます。これが「商品引換券」となり、引き換えて貨物を受け取ることができます。船会社が発行したB／Lは、最終的に船会社に戻るというわけです。

サレンダーの場合、貨物の船積みを終えた段階で、船会社が輸出者にB／Lの原本を渡すのではなく、「Surrendered（サレンダード）」のスタンプのついたコピーを渡します。つまり、原本を船会社が持ったままの状態で商品が日本に届き、コピーと照らし合わせることで、輸入者は商品を引き取ることができる、という流れになります。言い換えると、輸出地でB／Lを回収してしまうのです。

サレンダーは、船積みを終える時点までに全額を送金することで、多くのメーカーが対応してくれます。

正式なやり方ではありませんが、ごく普通に行われている手法なので、アジアなど近隣の国から輸入する場合は、サレンダーで輸入できることを念頭に置いて契約するといいでしょう。

7 輸送・保険・通関はすべて「プロ」に任せる

請求書を「フォワーダー」に渡す

メーカー側と貿易条件を取り決めると、「インボイス（請求書）」があなたのもとに届きます。

あとは、商品の運び入れになるのですが、「誰にどうやって頼めば、自分の商品を運んでくれるのかわからない」というのが、輸入ビジネス初心者に共通する疑問です。

オススメは、届いた請求書を「フォワーダー」と呼ばれる業者に渡し、商品の輸送手続きをお願いしてしまう方法です。

フォワーダーとは、荷主から貨物を預かり、他の業者の運送手段（船舶、航空、鉄道、貨物自動車など）を利用して運送を引き受ける専門の事業者のことです。

一般的には貨物利用運送事業者のうち国際輸送を取り扱う専門業者を指します。

フォワーダー業務を営む会社は数が多く、小規模の輸入ビジネスに対応してくれる業者も存在します。

あなたは、日本のフォワーダーに、面倒な海外からの輸送、保険のすべてを一括して任せることが可能なのです。

費用のすべてはいったん、フォワーダーが立替払いしてくれ、後から一括して代金を払うという形が多数を占めます。

保険会社や運送会社に連絡を取って交渉し、それぞれに支払うという作業の手間が省けるのです。

何から何までフォワーダーにお任せできる

かつては、「フォワーダーはあくまでも『荷物を運ぶ役割』であり、関税等を納税する『通関業者』とは別である」という考え方が主流でした。

しかし今は、通関までをすべてフォワーダーがやってくれるケースが増えています。

それどころか、通関後の国内発送まですべてやってくれたり、保険についても相談に乗ってくれたりする業者もあります。

海外からこちらに商品がやってくるまでのプロセスは、すべて、プロに丸投げできてしまうのです。

輸入ビジネスはあくまで物販です。

大事なのは、「売れるものを見つけること」と「実際に売ること」。

あなたはこの2つにだけエネルギーを注ぐべきであり、その間にある面倒なことは、すべてプロに任せてしまえばよいのです。

輸送や保険、通関を心配して、輸入ビジネスをはじめることに二の足を踏む人も多いのですが、なんとももったいない話です。これらはすべて、プロに任せることができる、あなたが考える必要のないことばかりなのですから。

8 物流もすべて「プロ」に委託する

☑ 商品を自宅に置くのはNG

輸入した商品を港から引き取った後、絶対にやってはいけないのが、「商品を自宅に置く」ことです。


商品を自宅に置いてしまうと、在庫が目に見えてしまい、モチベーションが下がるおそれがあります。生活スペースも圧迫するため、不都合なことも多くなります。

また、自分で発送作業をしてしまうと、一日の大半を「梱包」と「発送」に取られてしまうことになります。

サンプル程度であれば、自宅で保管しても問題はないのですが、本格的に輸入を始めたら、自宅で商品を保管するのはオススメできません。商品を一時的に置いておく倉庫を借りる必要があります。

実は、倉庫も自分で探す必要はありません。フォワーダーが請け負ってくれるからです。フォワーダーの多くは、自前の貸し倉庫を港のそばに持っています。個別の取引先に発送してくれるサービスもあり、小口の配送までフォローしてくれます。

つまり、フォワーダーに頼めば、輸入ビジネスの中間工程である輸送から通関・配送までを一括して代行してくれるのです。

あなたは「商品発掘」と「買い手探し」にだけ力を注げば、それでOKということになります。

実は私自身、自社倉庫から商品を配送していたことがあり、梱包・配送がいかに大変な作業かは、身をもって経験しています。

商品が売れれば売れるほどつらくなる。本当に不毛な時間でした。

物流はプロに委託するのがベストだと言えます。

これから輸入ビジネスを始めるのであれば、貸し倉庫を持っているフォワーダーに運送を頼むのがよいでしょう。

はじめのうちは、付き合うフォワーダーは1社でも問題ありません。

ただ、取引するメーカーや地域が増えてきた場合は、安定した輸入ビジネスを展開していくためにも、地域別、商品の種類別に複数のフォワーダーと付き合うことを考えてもいいかもしれません。

「ヨーロッパに強いフォワーダー」「アジアに強いフォワーダー」など、フォワーダーにも国や商品ごとに、得意・不得意があるからです。

ただ、早い段階で信頼できる1社が見つかり、その会社が全世界の貿易をオールラウンドにフォローできるのであれば、その1社と長く付き合い続けるのももちろん、間違いではありません。

9 「輸送トラブル」をあらかじめ防ぐ方法

「ヤード通関」を使う

商品の輸送には、多くの場合、船便を利用することでしょう。輸送時のトラブルは決して少なくありません。

船による輸送のトラブルで最も多いのは、商品の破損です。

壊れやすいものを輸入する場合、破損を極力避けるためには、コンテナでの混載（他の商品と一緒に積むこと）を避ける必要があります。

自分の貨物だけではなく、ほかの輸入業者の貨物と混載になると、輸出時と輸入時に2回、貨物の中身を開けられ、チェックされるためです。

チェックの都度、荷物が開封され、商品が出し入れされることになるので、破損や傷みが発生しやすくなります。

こうしたリスクをできるだけ抑えるためにオススメなのが、輸入する商品の積載量がコンテナの半分くらいになるなら、コンテナを1つ借り切って運ぶことです。

そうすることによって、輸出入時に荷物を開けられることなく、コンテナヤードに保管されたままの状態で通関することができるようになります。これを「ヤード通関」といいます。また、メーカーからあなたの手元まで直接輸送されてくるので、盗難に遭う可能性もほとんどありません。

少しでも商品が破損する可能性を減らしておくことが必要です。

「ヤード通関」を依頼する場合は、「混載ではなく、フルコンテナで手配してほしい」とフォワーダーに頼んでおけば、それでＯＫです。

料金が極端に高くなることもありませんし、破損や紛失の可能性を減らすことにもなります。

実は多い「温度」トラブル

商品によっては、「リーファーコンテナ（温度調整機能付コンテナ）」を選択しましょう。ヨーロッパから船で海上輸送されるコンテナは、必ず赤道を通ります。炎天下にさらされるため、コンテナの内部は熱くなります。鉄板やアルミでできたコンテナの内部は100度を超えることもザラです。

ワインなどの食品類やキャンドルなど温度変化に弱い商品は「リーファーコンテナ」を使うように指示しておく必要があります。

リーファーコンテナとは、冷凍・冷蔵貨物の輸送に使用される特殊コンテナです。冷凍機を内蔵しており、コンテナ内部を一定の温度に保つことができます。

断熱材を使用しているため、通常のコンテナに比べて内寸は若干狭くなるという弱点はありますが、リーファーコンテナを使えば、温度変化による商品の変質、変形を防ぐことができます。

あらかじめフォワーダーに商品の内容と高温のリスクを伝えておくことで、最適なコンテナを手配してくれることが期待できます。

10 「船便以外」の輸送手段も考えておく

☑ 多少輸送費が上がっても「航空便」を使う

商品の輸送手段はもちろん、「船便」だけではありません。

船便に続いてよく利用されているのが「航空便」です。

航空便の長所は、とにかく「速く着く」こと。ヨーロッパからの輸送では、船便ならば1カ月かかってしまうところ、航空便ならば数日で到着します。

ただしその分、コストが高く、船便の数倍かかる場合も多いです。「ここぞ」という場面の使いどころを考えながら利用するとよいでしょう。

長期の輸送で品質が変わってしまう商品に関しては、航空便で運んだほうがよい場合があります。

また、貴金属やブランドもの、高価で軽い商品は、航空便で運ぶほうが安全です。

数量面では、段ボール3箱くらいの少量ならば、船便を利用する必要がなく、航空便を使ってもいいかもしれません。

「国際スピード郵便（EMS）」という選択肢

わざわざ航空便を使うほどの商品でない場合は、国際スピード郵便（EMS）を利用するのも1つの手です。

郵便物扱いになるので、あなたが配送を希望する場所まで商品が配達され、価格も非常にリーズナブルです。郵便ですから、荷物追跡サービスも充実していて安心です。

通関を日本郵便がやってくれるのも大きなメリットです。通関の専門業者に頼む必要もありません。少量の輸入品、始めたばかりの段階であるならば、EMSを有効利用すべきです。

大きさ、重さに関して制限があるので事前に確認しておきましょう。

EMS以外でも、「FedEx」や「DHL」といった国際輸送サービスもあります。

輸入初心者や、「手始めに少量の輸入から始めたい」「サンプルを輸入したい」といった用途であれば、EMSやFedEx、DHLを使ってコストを抑えながら、スピード感が担保された輸送手段を選ぶことをオススメします。

11 「無保険」は絶対に避ける

なぜ「海上保険」が必要なのか

船でコンテナ輸入をする際は、海が相手になるため、商品が途中で壊れてしまうこともありますし、下手をすれば紛失されてしまう可能性さえ存在します。

加えて公海上では、いまだに海賊も存在していたりしますから、絶対に保険を掛けておかなければなりません。

海上保険では、万が一の事態があった場合、品物の代金だけではなく、売却して得られるはずだった利益も10パーセント保証してくれるのです。

それにもかかわらず、海上保険の保険料はさほど高くはありません。

手続きも簡単です。自身で加入手続きをするのもよいのですが、フォワーダーなどに代行を頼むことも可能です。

せっかくならば「保険対応まで代行してくれるフォワーダー」に運送・通関とセットで保険まで頼んでしまうといいでしょう。

商品の種類によって保険料は異なります。壊れやすいものは保険料が割高になりますので、さまざまな種類の商品を同時に輸入する場合は、いちばん壊れにくいものをメインの商品として申し込むのが、賢い保険の掛け方です。

海上保険にも条件によってさまざまな種類が存在しますが、オススメは「オールリスク（A／R）条件」です。

「オールリスク条件」とは文字どおり、すべての外部的な偶発原因によって起きた損害について程度を問わずにカバーしてくれる保険です。

損害内容には、「沈没」「火災」「濡れ」「衝突」「強盗」などがあります。

ただし、次のような場合は保険としてカバーされませんので、注意が必要です。

1　被保険者がわざと与えた損害
2　商品の梱包が不完全なために起きた損害
3　航海の遅延による損害
4　貨物固有の性質によって生じた損害（果物が腐るなど）
5　戦争およびストライキによる損害

万全を期したいという場合は、オールリスク条件に特約で「戦争保険」と「ストライキ、暴動保険」を掛けると完璧でしょう。運送におけるほとんどのトラブルに対応することが可能です。

海外では労働者の権利としてストライキが頻発しており、輸送が止まって納期どおりに商品が届かないこともあり得ます。

また、海外であれば政情不安の場所も多く、戦争も絶対に影響しないとはいえません。「戦争保険」や「ストライキ、暴動保険」といった特約を付けておくとより安心です。

☑ 海上保険は「日本の保険会社」に頼む

海上保険は、海外の保険会社ではなく、国内の保険会社に頼みましょう。

海外の保険会社と補償についてやりとりするのは、とても大変だからです。損傷の状態や、「何が起こってこうなったのか」について外国語でコミュニケーションするのは、そもそも難易度が高いですし、保険金が下りるまでにも相当な時間がかかります。

もちろん、日本のフォワーダーを通せば、自動的に日本の保険会社に頼んでくれますから、安心してください。

ただし、取引をしていく中で、海外メーカー側から「自国の保険でなければ取引しない」と言ってくることがあります。

たとえば、「運賃・保険料込み価格（ＣＩＦ価格）」での契約を提案されるケースです。

これは、「メーカー側が保険料まで支払うから、メーカー自国の保険会社の保険を掛けてください」という提案です。

「運賃・保険料込み価格（ＣＩＦ価格）」での契約を提案された場合は、とりあえず相手の指示に従いましょう。

その場合は、自分で日本の保険会社の海上保険に入っておくことをオススメします。二重に保険を掛けることになりますが、とりわけ壊れやすい商品を運ぶ際には両方掛けておき、万全を期すべきです。

輸入ビジネスが軌道に乗ってきたら、「包括予定保険契約」の加入も検討するといいでしょう。「包括予定保険契約」に入っておくと、煩雑な手続きがいらず、「うっかり掛け忘れた」なんていうこともありません。

船便の場合はとにかく、「日本の保険会社」の「オールリスク条件の海上保険」に入っておくのが絶対だと覚えておいてください。

12 万が一のために「PL保険」にも加入する

☑「万が一」の可能性を疎かにしない

海上保険のほかにもう1つ、入るべき保険があります。

それが「PL保険（生産物賠償責任保険）」です。

PL保険とは対人賠償であり、「あなたが輸入した商品によって、それを使った人が怪我をしたり、財産を失ったりした場合の賠償責任保険」です。PL保険は、PL法に基づき、制定されたものです。

日本においては、輸入ビジネスの場合、商品を仕入れた後は輸入者が「メーカー」となるため、生産物賠償責任が発生します。

つまり、あなたの輸入した商品で何かトラブルがあった場合、あなたが損害賠償をしなくてはならないということです。

そのため、万が一に備えて、PL保険に加入するのは必須といえます。

年間のコストは数千円程度。入らない選択肢はないでしょう。

PL保険への加入については、通関業者に頼んでもよいですし、インターネットで商工会議所のPL保険を調べ、そこから加入してもOKです。

現実的には、生活関連の雑貨を輸入する場合には、PL保険のお世話になることはほとんどありませんが、口に入れたり、直接体に触れたりするものを輸入するときはなおさら、万が一のリスクを考え加入しておくべきでしょう。

リスクがあると考えられる商品はサンプルの段階で徹底的にチェックし、危険であれば改良を求めることが重要になります。

そもそもリスクのある商品は「輸入しない」ことが重要で、そのうえで、万が一に備えてPL保険に加入しておくのがベストです。

いざという時の備えを万全にしてこそ、安心してビジネスに取り組むことが可能になります。

輸入ビジネスは、海外との取引なので、日本での取引の当たり前が通用しません。ビジネスの仕組みも、ルールも、マナーも文化も違うのですから当然です。書類や手続きを調えることで、様々なトラブルを回避することができます。そのことは覚えておきましょう。

第4章

リモート
輸入ビジネスの
「商談・契約」の仕方

1 「顔見せ」で相手の信頼を得る

☑ オンラインでも「顔見せ」が大事

コロナショックを機に、輸入ビジネスでもオンライン化が一気に進みました。

つい最近までは考えられなかったことが、次から次に可能になっています。

昔は手紙のやりとりが主でしたが、FAXへと変わり、さらにはメール、そして、今はオンラインとなっています。

私が輸入ビジネスを始めた頃は手紙が主流で、1回のやりとりに2週間近くも要していました。それが今や、オンラインによってリアルタイムで取引ができてしまうのですから、このスピード感はうれしくもあり、少し寂しさも覚えます。

コロナ禍でオンライン展示会が広がり、海外の展示会に足を運ばずとも商品が発掘できるようになったことで、気軽に参入しやすくなったといえます。

オンラインで商品を確認し、オンラインで注文。基本的にはメールでやりとりを行い、必要であればオンライン会議システムで顔を合わせて商談する。

英語が苦手だとしても、メールベースであれば、じっくりと文面を翻訳したり、文面をつくったりしながら、商売ができてしまいます。

ただし、メールだけのやりとりは「こちらの情熱を伝えづらい」というデメリットもありますし、信頼を得にくい一面もあります。英語力に不安があっても、メールでコンタクトを取った後は、オンライン会議システムを使って、顔を見せあって話しましょう。


顔を見て話すことで、相手が抱く信頼も増します。

ビジネスは、人が主体です。お互いに「相手はどんな人なのかな」とおそるおそる探りを入れながら商談を進めるより、相手がどんな人なのか、どんな気持ちでビジネスをしているのかがわかっていたほうが、信頼関係を築きやすくなるのです。

「世間話なし」で本題に入れる

オンライン商談の特徴は、「いきなり本題に入れる」ことです。

オンライン商談ではお互い、時間に対するコスト感覚が発生するせいか「簡潔に話をして結論に至ろう」という心理が働きます。そのため、「ただの世間話」で終わってしまうことが少なく、1回の商談ごとに何かしらの結果がついてきます。

合理性を重んじる欧米人との商談では、オンラインで1回顔合わせしただけで、だいたいの取引内容、契約内容が固まってしまうことも少なくありません。

商談では、まず、商品への愛情を伝え、「何をなぜ輸入したいのか」「どのような形でビジネスをしたいのか」をメインに話すことで、初回の商談からスピーディなやりとりをすることが可能になります。

オンラインでは文章だけのやりとりになりがちです。ただ、その文章の先には「人」がいることを意識しながら、商談、交渉をしていくことが重要です。

たまには顔を合わせて話をしましょう。これだけでも相手からの信用は自然と上がっていくのです。

2 「契約書」はよく読んでからサインする

サインした後で文句を言っても遅い

海外、とくに欧米は契約社会であり、何事も契約を軸に話が進みます。

一方日本では、一部の大企業は別として、まだまだ、事前に契約書を交わしての取引が習慣となっていないため、契約書に疎い人が多いのが実情です。

しかし、輸入ビジネスは、海外のメーカーを相手にするわけですから、契約書が重要になります。ひとたび契約書にサインした後「こんな契約はおかしい。不当だ」と騒いでも、時すでに遅し。契約書に則った取引条件で進められてしまいます。契約書に書いてあることを覆すような主張は受け入れられません。

それが契約であり、契約書なのです。

輸入ビジネスをするうえで、契約書について、基本的なことは知っておきましょう。

☑ 契約書は納得したうえでサインする

契約書は、輸入者（あなた）と輸出者（メーカー）、どちらがつくるものなのか、という質問をよく受けますが、どちらがつくっても構いません。

ただし、自分に有利な条件を提示しやすくなるため、できるだけ自分でつくったほうがいいでしょう（詳細は後述します）。

しかし実際は、「先方が送ってきた契約書にサインする」ケースが圧倒的に多いのです。さらに、「契約は形だけ」という日本の商習慣から、契約書をよく読まずにサインしてしまう人が少なくありません。

契約書は、つくり手に有利なように書かれているのが基本です。

契約書をよく読まないままにサインしてしまうと、あとでとんでもない目に遭う場合があります。

相手先が契約書を作成する場合は、必ず、記載されている内容は正しいか、不利なものになっていないか、さらに書かれていないことはないかを確認し、相手と交渉して納得のいく契約書に仕上げてから、サインをし、ビジネスを進めましょう。

契約書を作成する際に重要なのは、「落としどころ」を探ることです。意見がぶつからなければそのまま契約しても問題はないのですが、双方の意見がぶつかった場合は自らの譲れない部分と譲歩できる部分の線引きはハッキリとさせておきましょう。

ぶつかった場合は何度かの書面のやりとりで双方の主張をすり合わせを行います。一方的に不利な条件を飲む必要はありません。

ただこの間も「表面約款」と呼ばれる表面の契約内容で商品のやりとりはしておきましょう。商品の到着日時や代金の支払い方法など、お互いが合意できる内容だけを盛り込んだもので、基本的にはこれだけでも取引が可能なのです。

現場で商品をやりとりし、ビジネスが始まってしまえば、「裏面約款」に関してはなし崩し的に条件が緩和したり、こちらが提案した条件のまま契約となったりします。裏面約款でもめた際は、まず実際に取引をしてしまうこと、これが重要です。

3 契約書は表と裏で決めることが違う

☑「表面約款」と「裏面約款」

いざ契約書をつくる場合、何を書けばいいのか、また、相手から契約書が送られてきた場合、どのようなポイントをチェックすればよいのか、知っておくことが必要です。

契約書は通常、表面に「個別条項」を記載し、裏面には「一般条項」を記載します。それぞれ「表面約款」「裏面約款」と呼ばれます。

表面約款（表面）には、商品の注文量、取り扱う商品名、商品の値段など、取引ごとに毎回変わるものについて記されます。

裏面約款（裏面）には、不良品についての対処など、契約期間中、継続して有効となるものが記されます。

それぞれ押さえておきましょう。

「表面約款」の代表的な項目

表面約款に記される「個別条項」の代表的なものは、次の10項目です（付録9参照）。

1　商品名（Article）

商品名を簡潔に記します。

2　品質条件（Quality）

品質についてのトラブルは非常に多いため、「品質条件」は重要です。不良品などの対応のために、本オーダーの前に必ずサンプルを入手し、次のように記載しておきましょう。

「As per the samples submitted（提出されたサンプルどおり）」

こう記しておけば、サンプルと仕様が異なるものが届いた場合に確認することができます。

3　数量(Quantity)

商品の数量は、国際取引で使用される単位で記載します。

「本、個（PIECE＝PC）」「台（SET）」「ダース（DOZEN＝DZ）」「組（UNIT）」「長さ（METER＝M／YARD）」「重さ（METRIC TON＝KILOTON＝MIT／KILOGRAM＝KG／POUND＝lb）」

4　価格(Price)

事前に合意した商品の価格を指定の通貨で記載します。

米ドル建てなら米ドル、ユーロ建てならユーロで表示します。

5　合計額(Total Amount)

今回の取引金額の合計を記載します。

6　貿易条件(Trade Terms)

貿易条件とは、インコタームズと呼ばれる世界共通の条件であり、アルファベット3文字で表記されます。

輸送の際のリスクや費用の負担について、どちらがどこまで負うのかを取り決めた建値条件と呼ばれる条件を記します。

その建値条件がどの種類かを表すもので、重要な項目の1つとなります。

7 支払条件(Payment)

電信送金(T/T)など、どういった条件で、どのように支払うかを示すものです。

具体的には、「T/Tで前金30パーセント支払い、船積み後70パーセント後払い」といったものが記載されます。

8 船積み日・出荷日(Shipment)

納期にも関連するため、日付は正確に指定しましょう。

日本国内の取引ではほとんどの場合、事前に商談したうえで商品の納入日を決めており、国内での納期が遅れた場合、お客さまとの間でトラブルになるということがあり得ないわけではありません。

その観点から、輸入の際の納期遅れについてはメーカー側に軽いペナルティ条項をつくっておくべきでしょう。

9 仕向け地(Destination)

貨物の仕向け地（到着地）がどこかを指定します。

10 荷印(Shipping Marks)

通関時の貨物の特定、船積書類との照合のために必要になります。

特定の決まりはないので、好きなデザインをし、あなたがメーカー側に指示したほうがわかりやすいでしょう。

とくに「2　品質条件」と「8　船積み日・出荷日」は綿密に確認しましょう。

☑ トラブルになりやすい部分

契約を巡るトラブルになりやすいのは、大きく分けて次の2つです。

1 品質・数量に関するもの

・品質不良……契約したものより品質が劣る
・規格相違……契約したものと規格・仕様が違う
・量目不足……契約した数量より少ない
・梱包不良……梱包が不完全なため、荷傷みが発生している

2 船積みに関するもの

・船積相違……契約品以外のものが積まれている
・船積遅延……契約した期日に船積みされていない

相手に品質・納期がいかに重要かを、繰り返し説明しておくことが大切です。
とくに品質に関しては、必ず事前にサンプルを入手しておきましょう。
納期に関しては、定期的にメールなどで進捗状況を確認することをオススメします。
また、「急な価格変更」と「納期の遅れ」もトラブルが起きやすいです。

この2つを守らせるためには、次の3つを契約書に盛り込んでください。

・価格に関する調整禁止（No Adjustment）
・船積期間の厳守（Shipment）
・契約不履行の場合の輸出者責任

この3つは、相手方のつくった契約書には当然含まれていません。自分で契約書を作成できない場合は、この3つの項目を盛り込んでもらうよう交渉しましょう。

✓ 調整に時間がかかるときは「表面約款」のみで合意を

ほかにも、出荷する前に直してほしい点など、商品に関する指示がある場合は必ず契約書に盛り込みましょう。いくら口頭やメールで念を押しても、契約書に明記されていなければ、合意がなかったことと同じにされてしまいます。

たとえば、電化製品を輸入する際には「日本仕様のプラグに交換する」など、指示は明確に記します。もし、このことが契約書に記されていないと、メーカーから欧米仕様のプラグのまま納品されても、変更の対応がされないこともありえるということです。

輸出者・輸入者がそれぞれ自分に有利なように契約書を修正し、その契約書を相手に送って相手がサインするのを待つことになります。

このままお互いに自分の立場を貫けば、永遠に取引は始まりません。

そのようなときは、「表面約款」のみでひとまず合意するように提案しましょう。

表面約款には「商品の到着日時」「代金支払いの方法」など、どちらも合意できた内容だけを書きます。

裏面に書かれている、まだ合意できない一般条項についてはサインしないでおき、ひとまず表面約款だけで合意を取り付けるのです。

表面約款だけで取引をスタートさせ、裏面約款については修正を繰り返しながらお互いに妥協点や着地点を模索していく形でビジネスを行います。

実際にビジネスが始まってしまえば、裏面約款についてはそのままで取引する場合がほとんどです。

大手の企業や世界的規模の企業のように取引金額も大きく、かつ長期間にわたる取引関係が考えられる場合は別ですが、お互いが中小企業の場合は、契約関係のやりとりに時間をかけすぎることによって商機を失うということにもなりかねません。

実際、なし崩し的にオーダーベースで始めることも多くあります。結果、そのままの流れで裏面約款にサインをせずに取引が続くことになります。

取引している間に、メーカーとの関係性や条件もだんだん定まってきたら、そのタイミングで合意点を決めるのが得策です。その頃には「商品が日本で売れるかどうか」もある程度見えてきているはずです。

今後もメーカーと取引を継続する場合、裏面約款もきちんと精査して結べばいいとするのが実務的です。

4 不利な提案は「有利な条件」に変える

どちらかが「ちょっとだけ有利」になるよう交渉を終える

欧米人は「公平さ」を重要視します。

売り手、買い手のどちらの立場であっても、「公平さ」は重要なポイントです。

「お客さまは神さまです」に代表される「買い手優位」は日本独自のものであり、海外の人々には理解しがたいものなのです。

「どちらかが一方的にリスクを負う」という発想は存在しません。

国際ビジネスにおいては、売り手と買い手の関係は五分五分であることがスタンダードとされています。相手が必要とする商品やサービスを提供し、その結果として正当な対価を得る、という感覚が当たり前なのです。

一方的に相手へ要求を突きつけすぎないことが重要です。

相手と長く取引関係を続けるためには、交渉後に「相手と自分はほとんど差のない商談だったな」という印象を持ってもらうのがベストです。

ただし、条件がなかなか折り合わないときは、メーカー側がちょっとだけ有利に終わる交渉があってもよいでしょう。それが相手のプライドを守ることにつながり、次回の商談に気分よく臨んでもらえます。そして次の契約時に、こちらがちょっとだけ有利な条件を提案してみるのです。

「一方的に要求を突きつけても、得られるものは少ない」と覚えておきましょう。

相手に気づいてもらう

もし、不利な条件を突きつけられたときは、相手の話をよく聞き、意向を確認しましょう。そして、相手の立場を尊重したうえで、「もしもあなたがこちらの立場だったらどうか」と、尋ねてみましょう。

「自分が相手の立場だったらどう思うか」を考えてもらうのです。

そうすることで、不利な条件による不利益に先方自身に気づいてもらい、条件を修正してもらうのです。

お互い、理解しあうことで、よりよい関係を築くことになります。

交渉において重要なことです。

5 わからないときはとりあえず「NO！」

☑ すぐに「YES」を言うのは危険

海外と日本とでは文化も商習慣も違います。
そのため、思ってもみない条件を提案してくることがあります。

判断がつかないとき、わからないときは、とりあえず「NO」と言うことです。

私が数々の商談を経験したうえで覚えた鉄則です。
よくわかっていないのに安易に「YES」と言ってしまうことで、あなた自身が理解できていない事柄が契約内容に盛り込まれてしまい、気づいた時には不利益が生じているといった事態が起きてしまうリスクを避けられるからです。

日本人は、相手の話を聞くとき、「はい」「YES」「うんうん」といった相槌を打ちがちです。

それは、「相手の話を聞いていますよ」という合図であったり、「うんうん、それで」と相手の話を促したりするためのものですが、相手は、「自分の主張に完全に同意したという返事だ」と認識します。

そのため、「YES」と言ったという前提で話がどんどん進んでしまうため、後で「そんな話は聞いていない」「それに同意した覚えはない」とあなたが主張しても「あのときは同意したのに、すぐ意見を変えるなんて信用ならない」と思われてしまいます。あなたが損してしまうことになるのです。

安易な「YES」は絶対にやめましょう。

「NO」で相手の反応を見る

相手の言っていることが理解できない時は、「NO」と突っぱね、相手の出方を見ましょう。「NO」と言われることで、あなたにとって不利になりかねない話であった場合は、『NO』と言ってくるということは、厳しすぎたのかな」と、相手から別の提案をしてくれる場合もあるでしょうし、あなたにとって有利な条件の話であったなら、「悪くない話なのに、なぜ、こんな反応なのだろう?」と、相手は不思議そうな顔をするはずです。

海外との商談は、基本的に英語で行われます。英語での商談で最も危険なのは「わかったつもり」です。

話がよくわからなかったり、判断に窮した場合は、「同意をしない」「うなずきを控える」こと。これが鉄則です。

相槌代わりの「YES」は、後で取り返しのつかない事態を招く危険性があります。

☑ オンラインなら「聞き返し」もしやすい

オンライン商談は、ネット環境によって、相手の言うことが聞き取れないことが多く出てきます。そういう時は、臆することなく聞き返しましょう。

ネット環境の影響で聞き取りにくくなることは、お互い理解のうえでオンライン商談をしています。聞き返すことは、決して失礼にはなりません。

聞き取れなかったら、即座に聞き返し、一つひとつ理解したうえで商談を進めるようにしましょう。

また、聞くことはできたものの、意味がわからなかったときも、同様に聞き返しましょう。相手は聞き取りにくかったのだろうと、教えてくれます。

リモート輸入ビジネスにおいて、認識の相違や齟齬《そご》は、致命的なトラブルの種になることがあります。お互い理解しあいながら、商談を進めましょう。

英語が心配な場合は、はじめから通訳をつけましょう。日常会話とビジネス会話は違いますので、少しでも不安があるのであればプロに頼んだほうが安心です。

現地の展示会でアテンドしてもらうより価格が抑えられますし、最近は、オンラインに特化した、価格帯の安い通訳も増えていますので、活用するといいでしょう。

6 「嫌な取引相手」はなるべく避ける

☑「ＢｔｏＢ」だからこそ、人間関係が重要になる

ＢｔｏＢは基本的に「商売人同士」、いわばプロ同士の取引です。その商売形態上、商品よりももっと大事なことがあります。

「人間関係」です。

ビジネスですから、消費者から起こるようなクレームなどは発生しないものの、交渉を重ねたり、手続きを行ったりするなかで、人間としての「性格の不一致」や「認識の違い」からトラブルになることがあります。

お互いに不信感を抱いたり、ギクシャクしたりと、取引自体がうまくいかなくなること

も往々にしてあります。

そのようなときは、取引を停止しましょう。ただでさえ海外とのやりとりは、ちょっとしたことが原因ですれ違いや、齟齬が出てきてしまうものです。お互いを信頼しあい、真摯にやりとりすることが輸入ビジネスでは欠かせません。

どんなにほかの条件が魅力的だったとしても、不信感を抱いている相手とは、関係を続けようと頑張っても、長続きさせるのは難しいでしょう。

ＢｔｏＢという性質上、同じ取引相手となるべく長く付き合うことが望ましいもの。信頼できない相手、嫌な相手とのビジネスは深追いしないほうが賢明なのです。

「1回だけの取引でよい」と割り切るのも有効

ギクシャクした関係にならないようにするには、「必ず1度は担当者の顔を見ながら話す」ことに尽きます。

わざわざ現地まで出向かなくても、オンラインで話ができるのですから、面倒くさがらず、一度はミーティングをしましょう。

顔を見て話すことで、相手のことがある程度わかるようになり、たいていのことは許容できるようになるものです。

「担当とは気が合わないけれど、商品がいいので、どうしてもあきらめきれない」という場合は、契約を継続し続けるのではなく、一度きりの取引とするのも手です。

一度、多めに仕入れて、クラウドファンディングなどで小売りをして儲け、それっきりの付き合いと割り切るとよいでしょう。

第5章

どうやって「B to B」のビジネスを成功させるか

1 「ライフサイクル」と「意思決定者」を意識する

☑ＢｔｏＣは「瞬間的」

「輸入ビジネス」は、ＢｔｏＢでと、ここまでお話ししてきました。

なかには、ＢｔｏＢのイメージがつかめなかった人もいるかもしれません。

本書のラストとなる本章では、ＢｔｏＢで輸入ビジネスを成功させるための秘訣、取引先の見つけ方などについてお話ししていきます。


「輸入ビジネス」において意識すべきは、商品の「ライフサイクル」です。


ＢｔｏＢとＢｔｏＣでは、商品のライフサイクルが異なります。

ＢｔｏＣは個人消費者が対象となりますから、購入する人が「今すぐほしい」商品が好まれる傾向にあります。

そのため仕入れも、「今売れているもの」「すぐ売れるもの」にフォーカスすることになります。「今売れる」「すぐ売れる」のはいいことではありますが、逆にいえば、市場としてはすでに成熟しており、今後の成長が見込めないということでもあります。

ＢｔｏＣ向けの商品は、時が経てば、需要は緩やかに下降していくものです。

流行りものの商品は、「たまたま自分の店で見つけてくれた」「衝動買いしてくれた」など、リピートが見込めないお客さまによる購入が少なくありません。流行が終わると、その商品寿命も終わります。商品寿命がさほど長くないため、「次に売れる商品は何か」を常に探し続けなければなりません。常に追い立てられるような心境でいなくてはならないため、やがて疲弊してしまうでしょう。

輸入ビジネスとして継続するには、ＢｔｏＢがよいとお伝えしてきた理由がイメージできたでしょうか。

✓ Ｂ ｔｏ Ｂは「継続的」

ビジネスの相手を「個人消費者」ではなく「企業」にすることで、短期的な満足に惑わされることなく、継続的な取引の中でお互いにどれだけメリットがあるかを基準に、取引先を決めることになります。

あなたから仕入れる取引先も同じです。自分たちにとってどれだけメリットがあるかで判断します。

「価格の安いもの」「流行りもの」でなくても、その商品を扱うことが社会貢献につながったり、自社のイメージアップにつながったりするといった判断をしたら購入に至ります。継続的な取引となることも考えられます。

Ｂ ｔｏ Ｂのビジネスは、お互いにとってのメリットを活かすことで安定が望めるうえ、社会的な意義もあるのです。

輸入者の信念が、そのままビジネスにつながり、そして息の長いビジネスとなる可能性がある。これがＢ ｔｏ Ｂと言えるでしょう。

購入の「意思決定者」が異なる

Ｂ to Ｃの場合、購入の意思決定者は、消費者自身（個人）か、その周りの人であることがほとんどです。そのため、「個人の満足」や「周りの人に薦めたくなる商品」が優先されます。つまり「感情に訴えかける商品」がヒットしやすいということです。

一方、Ｂ to Ｂでは企業や団体が取引相手となりますから、購入の意思決定者は「組織の中の誰か」ということになります。担当者本人が「欲しい」と思っているわけではなく、「その商品を購入し、販売することで自社の利益になるのか。利益はさほど出ないとしたら、何かメリットはあるのか」の判断が優先されます。

また、相手が購入に至らない場合は、「価格」が原因であることはあまりなく、「メリットがなかった」という判断によります。そのため、商品購入のメリットやその商品の売りなどを明確にし、相手の組織内で共有しやすいようアピールすることが重要となります。

いかに「B」のお客さまを多く見つけ、見つけた相手のそれぞれと継続的に取引していくことが、長く輸入ビジネスを続けていくコツです。

2 取引先は「国内展示会」で見つける

☑「見込み客の選定」と「集客」で悩まずにすむ

B to Bで重要なのが新規顧客の開拓です。

日本国内にあまたある企業・団体の中から、あなたが輸入した商品を取り扱いたいと思ってくれる「B」がどこにいるのかを探すのは至難の業です。闇雲に電話をかけたり、飛び込み営業をしたりしたところで、冷たくあしらわれるのがオチです。

私が提案する新規顧客の開拓法が「国内展示会への出展」です。

第1章でもお話ししましたが、今は国内でもオンライン展示会が始まっています。オンラインとリアルを同時に開催している展示会も少なくありません。

展示会のメリットを知っておき、活用しましょう。

展示会では、「見込み客の選定」と「集客」を運営会社が行ってくれます。

こんなにありがたいことはありません。

「何かを買うつもり」のお客さまが集まってきているわけですから、あなたのブースに足を踏み入れた時点で、立派な見込み客となります。何かしらの興味があるから、あなたのブースに足を踏み入れているのです。商品の説明を熱意たっぷりにすることができれば、無作為に電話営業をしたり、飛び込み営業をしたりするのとは違い、相手も真剣に聞いてくれることでしょう。オンラインの場合は、データを元に後日アプローチすることが求められますので、参加者のデータを整理し、見込み度合いが高そうな順にアポを取りましょう。

たった数日の展示会期間で、取引先候補は瞬く間に増えます。

お客さまを選り好みしない

「自分が望んだ取引先以外とは取引したくない」と考えるかもしれません。実際、商品への愛が強すぎるばかりに、取引先を選り好みしてしまう人がいます。

気持ちはよくわかります。

ただし、輸入ビジネスに限らず、ビジネスは、立ち上げたばかりの頃であればなおさら「売上ありき」です。まずは軌道に乗せること、そして、あなたのビジネスを多くの人に知っていただく必要があります。お金を生み出さなければ商品を回していくことができません。

まず、軌道に乗せるためにも「売上」をあげることが最も重要なのです。

「大手にこだわる」「自分の思いに心の底から共感してくれる取引先にこだわる」など、こんな風にしていきたいというイメージがあるかもしれませんが、「買いたい」と願ってくださる目の前のお客さまを優先しましょう。

商品の価値は、いろいろなお客さまに売っていく中で、お客さまの評価によって高まっていくことがほとんどです。

市場に出し、お客さまの反応を見なければ、商品を仕入れた意味がありません。

まずは取引先にこだわらず、いろいろなところに流通させてみましょう。

どこでどう跳ねるかわからないのも、B to Bの面白さです。

私自身、展示会に何度も出展し、そこで出会った「買いたい」と言ってくださるお客さまと取引をしてきました。その中で、芸能事務所との取引や某大手のキャラクターグッズ会社のOEM制作、産婦人科病院との提携など、商品を介して思いもかけぬ異業種との取引が広がったことがたくさんありました。これも展示会のメリットと言えるでしょう。

意外にも、あらかじめ想定していなかったお客さまのほうが長く、継続して取引できています。

お客さまとの出会いは大事にしましょう。

3 「オンライン商談」は地方在住者こそチャンスがある

時間的・金銭的コストがゼロになった

私は、福島県の会津若松市で28年間、輸入ビジネスを行っていました。

会津若松市は、空港に出るまで数時間もかかり、新幹線すら通っていない「陸の孤島」です。大規模な店舗は都市部に集中しているため、仕入れた商品を販売する先を探すにも、商談のたびにわざわざ都市部に片道3〜4時間ほどかけて出張していました。わざわざ出向いたのに、具体的な結果の得られなかった日は、なんだかむなしさを覚えたものです。

このように、地方在住者にとってB to B物販の商談は、時間面・金銭面でかなりのコストがかかり、ハードルが高かったのですが、オンライン会議が普及するに伴い、状況は大きく変わりました。

余分な時間的・金銭的コストをかけることなく、自宅や自社にいながらにして商談ができる環境が整ったのです。

札幌・東京・名古屋・大阪・福岡といった商業の中心地にいなくても、そこに住んでいる人たちと何ら遜色なくビジネス展開ができる時代になったのです。

輸入ビジネスの裾野は大きく広がったといえます。

「パワーバランス」も対等になりやすくなった

地方在住であっても一方的に時間的・金銭的コストがかからなくなったことで、商談の「パワーバランス」が対等になったことも大きな変化です。

日本では、ルール化されているわけではありませんが、B to Bビジネスの場合、「どちらの会社へ出向くか」でパワーバランスが生まれます。本来ならば対等であるはずの「売り手」と「買い手」が、「営業にお伺いする側」と「提案内容を聞いてやる側」となり、商談内容がいつのまにか「買い手有利」に寄ってしまうことも多いのです。

しかし、「オンライン商談」の場は、どちらのホームグラウンドでもありませんから、フラットで対等な話し合いがしやすくなります。

商談がより合理的で公平な場になったことは、地方在住者のみならず、すべての輸入ビジネス初心者にとって大きな追い風です。活用しない手はないでしょう。

4 「テレビショッピング」も強力な販売先

「テレビショッピング」にハマるのはどのような商品か

新型コロナウイルスの流行をきっかけに、「おうち時間を充実させよう」という気運が高まりました。それに伴い、家にいながらにして魅力的な商品を買えるテレビショッピングも売上を大きく伸ばしたといいます。

テレビショッピングも、輸入ビジネスにとっては強力な販路となります。活用しない手はありません。

テレビショッピングでは「悩みを解決」する商品が好まれます。

番組構成上、視聴者に「こんなお悩みありませんか？」と問いかけ、その悩みに「そうそう。そこに困っているんだ」と共感する人をターゲットにして進行するからです。

「問題解決グッズ」を輸入した際には、本当にオススメです。

テレビショッピングの視聴者層は、午前中から14時ごろまでは高齢者や主婦層が多く、深夜帯になると会社員が多いようです。1日の大半の視聴者が「高齢者・主婦層」なのですから、この層に届く健康・美容品、宝飾品やキッチン用品、清掃用品が響きやすく、採用されやすくなります。

テレビショッピングは、一般の小売店のように「数ある商品のうちの1つ」という見せ方ではなく、1つの商品だけにフォーカスして紹介してくれます。埋もれる心配が少ないのです。

テレビショッピングに採用してもらうには、商品が「特別」であることが求められる、ということです。

今までにない、ほかにはない商品。もしもほかにあるとしても、明確に差別化できる商品。そのような商品がテレビショッピングに向いています。

「テレビに露出する」だけで、商品のＰＲとしては大きな効果があります。

通販は売上目標分の在庫を抱えておく必要がある

よいことの多いテレビショッピングですが、デメリットもあります。

テレビショッピングの運営会社は、１つの商品に対し「一点集中」するというビジネスモデルをとっています。

商品紹介枠ごとの売上目標が決まっているため、その目標達成のために真摯に取り組む一方で、うまくいったときに在庫切れを起こさないよう、仕入れのロットが大きくなります。

番組によって異なりますが、いくら少なくても販売価格ベースで数百万円は目標設定されているので、その分の在庫が必要になります。

一方、売れなかった場合は当然、返品もあり得ますから、在庫リスクは決して小さくありません。

納期に関しても厳守です。

遅れた場合はペナルティが課せられる場合があります。

また、顧客情報についても、その番組を制作したテレビ局に帰属するため、買ってくださったお客さまに、その後、別の商品を紹介することもできません。

テレビショッピングは「ある程度、在庫を抱えられるようになった段階で参入する」業界として覚えておきましょう。

5 「クラウドファンディング」は一回のみが望ましい

日本では「資金調達」より「販売」の意味合いが強い

クラウドファンディングとは、インターネット上のプラットフォームを利用することで、不特定多数から組織や個人、プロジェクトなどに対し、「支援」という形で資金を集めることができる仕組みです。

出資者は出資後、プロジェクトの実施報告を受けたり、見返りとして商品やサービスを受け取ったりすることができます。

クラウドファンディングの誕生により、金融機関などからの出資が見込めないような案件でも資金調達ができ、ビジネスをスタートさせることができるようになりました。

さらにはプロジェクトの賛同者の数によって、資金集めを兼ねた市場調査ができるというメリットもあります。

販売しつつ、マーケットの生の声を集めることができるのは非常に有益です。

しかし、注意したい点が1つあります。

クラウドファンディング本来の仕組みは、「出資してもらうこと」がメインであり、スタートアップのための資金調達や応援したい企業への出資が主な目的でした。「見返り」の部分はあくまでも、副次的なものにすぎなかったわけです。

クラウドファンディングは、今や日本において、小売り（B to C）化しています。出資金額に対してほぼ同価値の商品を提供するという「商売」の場、プラットフォームを使ったユーザーへの「直販」という位置づけになっています。

B to Cの「小売り」のプラットフォームと大差ありません。

そのため、「クラウドファンディングでこれだけの資金を集めました」という実績は、B to Bの営業ではアピールポイントになるどころか、「ああ、この人は基本的にB to Cの事業を営んでいる人なんだな」という印象を持たれかねないのです。

クラウドファンディングがB to Bビジネスの足かせになってしまっては、本末転倒です。

クラウドファンディングは、取り組むにしても「テストマーケティング」にとどめ、「市場に受け入れられるかどうかの1回だけの確認」程度に抑えておくのが賢明であると私は考えます。

資金集めをしたら後戻りできない

クラウドファンディングでは、資金集め、つまり、商品の予約を始めたら、途中でキャンセルすることはできません。注意が必要です。

商品を出品し、目標に達する賛同を得た時点で、その賛同者に対する責任が発生します。

もし仮に、商品が輸入できなくなった場合でも、「輸入できませんでした」ではすまされないのです。

B to B（テレビショッピングを除く）の場合、「困ったときはお互いさま」ということで、納期が遅れたり、納品できなかったりした場合でも意外と寛容に対応してもらえます。

しかし、クラウドファンディングの場合、相手は直接の消費者。「お金だけ集めて、物は届きませんでした」では、下手をすれば詐欺として訴えられるおそれさえあります。

現に、「納期が遅れた」「納品されない」というトラブルは後を絶ちません。

そのためクラウドファンディングでは、確実に輸入できる商品を出品する必要があります。

6 「パブリシティ」で一気に飛躍する

ほかの人がオススメしているように見える

輸入ビジネスで仕入れた商品を多くの人に手にしていただく、もしくは取引先として興味を持ってもらうには、商品の存在を知ってもらうほかありません。

そこで行うのが「パブリシティ」（広報活動の1つ）です。

マスコミに広告費を払って、スペースをつくってもらって宣伝してもらう「広告」とは違い、取り上げてほしい側が提供した情報・材料をもとに、マスコミ自身が「取材した」体でニュース・記事として発信してくれる、というものです。

マスコミの視聴者や読者は、その媒体が主体的に発信したニュース・記事として受け取るので、広告よりも優良な情報として認識されやすくなります。

また、パブリシティには費用がかかりません。

宣伝広告費をかけることなくマスコミに取り上げられ、かつ大衆には「優良な情報」として認識されるのですから、宣伝したい側にとってパブリシティはいいことずくめというわけです。

商品に「社会性」を持たせる

メディアに取り上げてもらう方法は、たった1つです。

マスコミにとにかく頻繁に情報を送り続ける、それだけです。

記事を作成する記者やメディア担当者は、それこそ365日、情報を探しています。そのうえ、取材ネタのリサーチ時間は限られています。

そんな状態ですから、有益な記事になりそうな情報提供は、疎まれるどころかむしろ喜ばれる行為なのです。

ただし、なんでもかんでも載せてくれるわけではありません。

マスコミがニュースや記事にするかどうかの判断基準は、「社会性」があるかどうかです。

テレビ東京の番組「ＷＢＳ（ワールドビジネスサテライト）」内の、話題の商品を紹介する「トレンドたまご」というコーナーや夕方のニュース番組で行われる「特集」をイメージしていただくといいでしょう。旬なニュース、社会情勢をからめた情報を「特集」という形で紹介しています。これを日々行うわけですから、メディアは常にネタを探し続けています。

単に「この商品は素晴らしいんです」と商品のよさを押すより、「この商品は社会にこんな影響を与えるんです」「使うことで社会にこのような効果があるんです」と、商品の存在の社会性を訴求したほうが、マスコミに取り上げてもらう率が高まります。

取り上げられるには、「今、みんなが関心のあること」「お役立ち情報」として発信し続けること。

これが何より肝心です。

私のクライアントでも、展示会に出展する前に「日本初上陸の新感覚スポーツ」という触れ込みで情報発信したところ、実際にWBSの「トレンドたまご」に取り上げられた方がいます。

海外メーカーの人間も一緒に来日していたため、輸入品だということもしっかりわかり、その場で実演できたため、話題性も増したのです。

展示会出展のタイミングで連絡してみる、というのも1つのアイデアです。

＊＊＊

ここまで読み進めてきて、なんとなくであったとしても「これならやれるかも」と感じていただけたのではないでしょうか？

一見難しく見える「輸入ビジネス」ですが、やってみると実にシンプルでとても楽しいビジネスです。

もし、少しでも興味を持ったのであれば、「とりあえず」やってみてください。

本書のとおりにやっていただければ、輸入ビジネスに大きな失敗はありません。

むしろ、世界的な変革が起きている、このタイミングで始めて、チャンスをつかんでください。

本書は、あなたのよきサポートになるはずです。

おわりに

私のミッションは、「日本人の国際競争力、国際的価値を世界ナンバー1にする」ことです。

急激に近づいている「関税フリー時代」に向け、私は「日本人の国際競争力、国際的価値を世界ナンバー1にする」ことに、残された人生を捧げています。

私は実業家として、28年間、輸入貿易ビジネスを営んできました。

しかし2004年、ジェトロ認定貿易アドバイザー試験に合格したのを機に、「戦略的輸入ビジネスアドバイザー」として、輸入ビジネスを志す人々のために残りの人生を捧げていく決断をしました。

今、日本は、世界と「競争」するのか、「競合」するのかの選択を迫られています。

「日本人の国際競争力、国際的価値を世界ナンバー1にする」ことは急務であるといえるでしょう。

様々な国々と商取引をしてきた私だからできることは何かを考え、「日本人の国際競争力、国際的価値を世界ナンバー1にする」べく、私は現在、次のような3つの活動を行っています。

1つ目は、著述活動です。

本書を含めて、ここまで12冊の本を上梓してきました。

皆さまの熱い支援のおかげで、いずれもベストセラー、ロングセラーとして読み継がれています。

また輸入ビジネスの最新情報を動画を使って包み隠さずお話ししている無料のムービーマガジンは、読者数2万5000人を誇る「日本一の輸入ビジネス必読メルマガ」として高く評価されています。ぜひお役立てください。

https://yunyu-bible.com/?p=213

2つ目は、講演・セミナー活動です。

現在までに、1万2000人を超える方に参加していただいています。「本物の輸入ビジネス」は、時がたっても決して色あせることがない。その証でしょう。

オンラインにも対応しています（https://importpreneurs.jp/onlinesemi/）。

本書を読んで「リモート輸入ビジネスに挑戦したい」と思った方は、画面越しではありますがぜひ会いに来てください。

私は、同志のあなたをとびっきりの笑顔で迎えます。

３つ目は、海外でのコンサルティングです。

あなたと海外の展示会にご一緒し、外国人との交渉の仕方、独占販売権の取得法をすべて、包み隠さずお見せします（海外実践講座　https://importpreneurs.jp/projectlegend/）。

これは単なる座学ではなく、海外の展示会の現場に同行し、あなたの要望を実際にその場で実現する様を見せることにより、私の交渉術をそっくりそのまま会得してもらうというものです。

マンツーマンで商品を発掘するだけではなく、クライアントに海外メーカーとの「対人折衝術」という永遠のスキルを与える実践的な講座を通して、これまで９２０人もの方々を輸入ビジネスパーソンとして育て上げ、貿易界に送り込んできました。

これからも私は、こうした活動を通して、「輸入ビジネスの教育者」として、輸入ビジネスを志す人々のために、残りの人生を捧げる決意です。

最後になってしまいましたが、本書が世に出るきっかけを与えてくださった方々に心からのお礼を述べさせてください。

今回の私の思いを理解し、出版してくださったあさ出版の皆さま。

心からの感謝をこめて言わせてください。ありがとうございます。とても充実した気持ちでいっぱいです。

私のかけがえのない仲間たちである、インポートプレナーズクラブの皆さま。

あなたがたは私のかけがえのない宝物です。あなたがたの声なくしては、この天職を全うすることはできません。いつもどんなに勇気をもらっていることか……。これからも、ともに加速進化しましょう。星の数ほどの感謝をこめて……ありがとう！

私のアドバイスを忠実に実行してくださったクライアントの皆さま。

本当にありがとうございます。皆さまの成功は私に大きな確信を与えてくれました。ありったけの感謝をこめて。

講演、セミナーを熱心にお聞きくださった皆さま。

あなたがたの熱心に聞いてくださる姿にどのくらい励まされたか……。心からの感謝をこめて言わせてください。ありがとうございます！

陰でなにも言わずに支えてくれた家族。

ありったけの愛と感謝をこめて、こう言わせてください。あなたたちは、私のなにものにも代えられない財産です。これからも見守っていてくださいね。

そして、最後になってしまいましたが、ここまで一緒にたどり着いたあなた。

ありがとうございます。次はあなたの番です。リモート輸入ビジネスを進める中で、何か困ったことがあったらいつでも、次のメールアドレスにご連絡くださいね。

info@importpreneurs.com

たとえ世界中の人があなたの敵になったとしても、あなたの輸入ビジネスにはいつも大須賀祐がついていますから。

あなただけのオリジナリティあふれる商品が、人々を笑顔にし、あなたのリモート輸入ビジネスが長く成功し続けることを夢見て、筆を置きます。
ありったけの愛と感謝を花束にして――。

マウイ島にて

動画メルマガにご登録いただいた方には、
期間限定で特典動画をプレゼントいたします。
内容は次のとおりです。

1　1万2000人を超える方々に受講いただいた大須賀祐の不滅の金字塔・インポートプレナー初級講座ダイジェスト（34分11秒）

2　市場を独り占めできる独占販売権は誰にでも獲得可能なのか!?
【動画でわかる輸入ビジネス】（20分49秒）

3　どのような商品を選んでいくのか？
【動画でわかる輸入ビジネス】（20分25秒）

4　どのように価格を設定していくのか？
【動画でわかる輸入ビジネス】（21分30秒）

5　輸入ビジネスの起業の仕方と進め方
【動画でわかる輸入ビジネス】（28分58秒）

6　いかにして国内で販路をつくるか？
【動画でわかる輸入ビジネス】（22分47秒）

（6本の合計時間　148分40秒）

ぜひ登録してください。
ほかでは絶対に見ることができません。

すが、現実には食い違いも多いものです。紛争が起きた時、どのように収めていくかを決めておくことは、重要でしょう。

9. TRADE TERMS & GOVERNING LAW

Trade terms such as FOB, CIF and any other terms which may be used in this Contract shall have the meanings defined and interpreted by the Incoterms 2020 Edition, ICC Publication No. 460, as amended, unless otherwise specifically provided in this Contract. The formation, validity, construction and performance of this Contract shall be governed by and construed in accordance with the laws of Japan.

日本語訳（意訳） 9. 貿易条件および準拠法

　この契約書で使われているFOB、CIF などの貿易条件は、別途定めがない限り、『インコタームズ2020』、およびその後の改訂版に定義され、解釈された最新改訂版のものとする。この契約の成立・効力・解釈・履行は日本の法律を適用して判断されるものとする。

ポイント

　いわゆる準拠法です。どこの国の法律で判断されるかは、輸入者にとって、重要な条項です。

ⅳこの契約または輸出者とのその他のすべての契約の破棄

前述のどの場合でも、輸入者は、輸入者がこの商品を転売することによって得られるはずだった利益（逸失利益）および輸入者から商品の購入を約束していた顧客が被る損失を含み、それだけに限定されない、輸入者が被りうるすべての損失を請求できる。

ポイント

この条項があっても輸出者の破産、会社更生法申請などの場合は、その輸出国の法律で規制されるので、注意が必要です。

8. ARBITRATION

Any disputes, controversy or difference which may arise between the parties hereto, out of or in relation to or in connection with this Contract, or any breach hereof shall be settled, unless amicably settled without undue delay, by arbitration in Tokyo, Japan in accordance with the rules of procedure of The Japan Commercial Arbitration Association. The arbitral award shall be final and binding upon both parties.

日本語訳（意訳） 8. 仲裁

この契約において、契約の違反もしくは当事者間双方の間で生じるすべての紛争、論争、意見の食い違いは、速やかに円満に解決できない場合は、日本の（社）日本商事仲裁協会の仲裁規則に従って解決するものとし、その判断は最終的なものとし双方を拘束するものとする。

ポイント

貿易取引は、本来信頼ベースに行われれば契約書も必要ないので

```
if Seller goes into dissolution or liquidation or
transfers a substantial part of its business or
assets, Buyer may, by giving notice to Seller.
i) stop or suspend its performance of this
Contract or any other contract with Seller,
ii) reject the shipment or taking delivery of the
Goods.
iii) dispose of the Goods, if delivery has been
taken for the account of Seller in such manner as
Buyer deems appropriate and allocate the proceeds
thereof to the satisfaction of any and all of the
losses and damages caused by Seller's default,
and/or
iv) cancel the whole or any part of this Contract
or any other contract with Seller.
In any such event, Buyer may recover all losses
and damages caused by Seller's default, including
but not limited to, loss of profit which would
have been obtained by Buyer from resale of the
Goods and damages caused to any customer
purchasing the Goods from Buyer.
```

日本語訳（意訳） 7. 債務不履行

輸出者が、この契約の不履行、契約の条件、保証に違反した時、破産、支払不能、もしくは輸出者が解散、清算に入ったり営業権譲渡または資産譲渡があった場合には、輸入者は文書をもって次の手段を取ることができるものとする。

ⅰ この契約あるいは輸出者とのすべての契約の履行停止

ⅱ 商品の船積みあるいは引き取りの拒否

ⅲ すでに引き取っている商品を、輸入者サイドで輸出者サイドの勘定で売却し、輸出者の債務不履行で被った損害、損失補てんへの充当

日本語訳（意訳） 6. 不可抗力

輸入者は、輸入者または輸入者である顧客に商品の購入、転売、運送などに直接的、間接的に相当の影響がある天災地変、戦争または武力闘争、あるいはその他の同様な理由などの不可抗力事由（以下、不可抗力という）の発生によって生じる遅延や不履行に対しては、責任を負わないものとする。

輸入者は、なんらかの不可抗力ともいえる事態が起きた時は、輸出者に文書で通知し、契約の全部もしくは一部を取り消すか、もしくは履行の延期をすることができる。

前述と同様の事由で、輸出者が過失ではなく、契約書に沿った受け渡しができない場合は、その理由を付記して文書にて輸入者に連絡し、輸入者は輸出者が要求した場合は、その出来事が輸出者の受け渡しを阻害している間は、船積み延期に同意をする。ただし30日を超える遅延が発生する場合は、輸入者はその契約を破棄できるものとし、輸出者は発生した損失、損害の補償をするものとする。

ポイント

輸入者は、輸出者が不可抗力によって契約を履行できないことも想定して、国内の顧客との間にも、念のために不可抗力条項を結んでおく必要があります。

7. DEFAULT

If Seller fails to perform any provision of this Contract or any other contract with Buyer or commits a breach of any of the terms, conditions and warranties in this Contract or any other contract with Buyer, or if proceedings in bankruptcy or insolvency or similar proceedings are instituted by or against Seller, or if a trustee or a receiver for Seller is appointed, or

6. FORCE MAJEURE

Buyer shall not be liable for any delay or failure in taking delivery of all or any part of the Goods, or for any other default in performance of this Contract due to the occurrence of any event of force majeure thereinafter referred to as "Force Majeure" such as Act of God, war or armed conflict, or any other similar cause which seriously affects Buyer or any of his customers, directly or indirectly, connected with the purchase, resale, transportation, taking delivery of the Goods.

In any event of Force Majeure, Buyer shall notify Seller in writing of such event(s) and Buyer may, in its sole discretion and upon notice to Seller, either terminate this Contract or any portion thereof affected by such event(s), or delay performance of this Contract in whole or in part for a reasonable time.

If Seller is unable to deliver the Goods in whole or in part as specified on the face of this Contract by similar reason(s) as above-mentioned, without Seller's fault, Seller shall immediately notify Buyer in writing of such delay with the reason thereof, and Buyer shall, if requested by Seller, agree to extend the time of shipment until such event(s) shall no longer prevent delivery by Seller. In the event, however, the above-mentioned event(s) cause a delay beyond thirty (30) days, Buyer may, in its sole discretion and upon written notice to Seller, terminate this Contract or portion thereof affected by such event(s), and Seller shall reimburse to Buyer any amount of money paid by Buyer to Seller with respect to any undelivered portion of this Contract.

i) to require Seller to replace or repair the Goods at Seller's expense and risk.
ii) to reject the Goods.
iii) to cancel the whole or any part of this Contract at any time.
In either event, Buyer may require Seller to compensate any loss or damages suffered by Buyer or Buyer's customer(s) due to or arising from such defects.

日本語訳（意訳） 5. 保証

前者は以下のことを保証する。

輸出者は、輸入者が発注した商品が、この契約書の表面の商品詳細、すべてのデータ、契約の基礎として合意された事柄、たとえば仕様、サンプル、柄、図案その他の要件に完全に合致し、ハイクオリティでかつ商品性があり、手間がなく、輸入者もしくは輸入者の顧客の要求に合致していることを保証する必要がある。

しかも品質保証は、商品の検査や承認受領後などの理由によって、輸出者はその責任をまぬがれることはできない。

もし輸入者が欠陥を発見した場合、次のような選択をすることができる。

i 輸出者負担で交換もしくは修理

ii 受取拒否

iii いつでも契約の全部もしくは一部の取り消しができる

万が一、前述のことが発生した場合、輸入者はその欠陥により輸入者もしくは輸入者の顧客が被った損害、損失の補償を、輸出者に請求できるものとする。

ポイント

これは、かなり輸出者には厳しい内容になっていますが、品質基準が日本に比べて低い国々との取引においては、不可欠な条項です。

of claim shall be made within six(6) months after the Goods become available for inspection, whether by Buyer or any customer of Buyer.

日本語訳（意訳） 4. クレーム

輸入者は、欠陥がある場合は、ただちに発見できないような潜在的欠陥以外は、商品最終到着地着後、輸入者もしくは輸入者の顧客によって、梱包をほどかれてからできるだけ早い段階で文書をもって連絡した場合、損害の賠償を請求できるものとする。

ポイント

輸出者サイドの作成したものは、貨物が届いてから何日以内（例は6カ月以内）などと規定されていることが多いです。

5. WARRANTY

Seller warrants that:
i) the Goods shall fully conform to the description of the Goods on the face hereof and any and all data and materials shown as the basis of this Contract, such as specifications, sample, pattern, drawing, etc.
ii) the Goods shall be of good quality, merchantable, be free of any encumbrance, and fit or suitable for the purpose(s) intended by Buyer or Buyer's customer(s).
Such warranty shall not be deemed to have been waived by reason of inspection and/or acceptance of the Goods or by the payment thereof by Buyer.
If Buyer should find any defect in the Goods and notify Seller of that fact, Buyer shall have the following option(s).

ポイント

輸出者の費用負担を、はっきり記しておくものです。

3. SHIPMENT

Seller agrees to ship the goods described on the face of this Contract punctually within the period stipulated on the face of this Contract.
In the event Seller fails to make timely shipment of the Goods,Buyer may cancel this Contract and claim damages.

日本語訳（意訳） 3. 船積み

輸出者は、契約の商品を、この契約書に定められた期限内に出荷しなければならない。もし輸出者が期限どおりに出荷できない場合は、輸入者はこの契約を破棄し、被った損害の賠償請求ができる。

ポイント

船積み遅れは、輸入者にとっては致命的にもなりうる大きな問題です。ですから輸入者にとって大きな救済手段となる賠償請求権を輸出者に認めてもらう必要があります。

4. CLAIM

Any claim by Buyer, except for latent defects, shall be made in writing as soon as reasonably practicable after arrival of the Goods at their final destination and unpacking and inspection thereof whether by Buyer or any customer of Buyer. Seller shall be responsible for latent defects of the Goods, notwithstanding inspection and acceptance of the Goods, provided that notice

1. NO ADJUSTMENT

The price described on the face hereof shall be firm and final and shall not be subject to any adjustment as a result of a change in Seller's cost which may occur due to a change in material or labour costs or in freight rate(s) or insurance premium(s) or any increase in tax(es) or duty(ies) or imposition of any new tax(es) or duty(ies).

日本語訳(意訳) 1. 調整禁止

この契約書に定められた商品の価格は、契約締結後たとえいかなる事情、たとえば材料費、労賃、船賃、保険料、税金等の高騰があろうとも変えることはできない。

ポイント

この条項は輸入者にとって最も重要な条項の1つです。必ず盛り込みましょう。採算に直接かかわる生命線ともいえます。後述する輸出者サイドのIncreased Costsと比べるとお互いの立場がはっきりするでしょう。

2. CHARGES

All customs duties, taxes, fees, banking charges and other charges incurred on the Goods, containers and/or documents arising in the countries of shipment and/or origin shall be borne by Seller.

日本語訳(意訳) 2. 諸掛かり

輸出国で発生する、商品、コンテナ、または書類にかかる関税、税金、銀行などの諸費用は、輸出者の負担とする。

付録 10

輸入ビジネスでよく使われる英文契約書（裏面「一般条項」の内容例）

一般条項とは、それぞれのビジネス契約の特色や特殊性にあまり影響されない支払条件や契約期間、解除、秘密保持など、一般的で標準的な条項をいいます。契約書ではブランクにしておいた部分に、個別契約の内容を入れて完成させるのが一般的です。

General Terms and Conditions

We, as Buyer, are pleased to confirm this day our purchase from you, as Seller, subject to all of the TERMS AND CONDITIONS ON THE FACE AND RESERVE SIDE HEREOF. If you find herein anything not in order, please let us know immediately.
Otherwise, these terms and conditions shall be considered as expressly accepted by you, and constitute the ENTIRE AGREEMENT between the parties hereto.

日本語訳（意訳）　一般条項

この契約書は、輸入者と輸出者の完全な合意を基に成立している。たとえ事前にこれと違うことに合意もしくは約束等があったとしても、これに書かれていること以外のことは無効となる。もし合意に達していない条項等があれば、この契約の締結前に連絡すること。連絡がない場合は、双方ともこの契約に同意したものとする。

ポイント

この条項は、この契約書に書かれていることが絶対的なものだということを示しています。日本の契約書にありがちな曖昧な「円満解決条項」や「別途協議条項」とは全く相いれない欧米諸国の標準的な考え方ですので注意が必要です。

付録 9　契約書（表面約款）

輸入者の情報（会社名、住所、電話番号等）

MARUO　CO., LTD

[redacted] Fukushima Japan

Phon[redacted]　Fax:[redacted]

E-mail [redacted]@[redacted].com　http://www.[redacted].com

輸出者名、住所

CONFIRMATION OF ORDER

Seller: [redacted] Co. LTD
[redacted]
HuLi Xiamen.China

Date November 19.2004
Order No.2004-48

We, as Buyer are pleased to confirm this day our purchase from you as Seller, subject to the term and conditions on the face and on the general terms and conditions attached. If you find herein anything not in order, please let us know immediately. Otherwise, these terms and conditions shall be considered as expressly accepted by the Seller, and constitute the entire agreement between the parties hereto.

商品名	1. Article :	As per the attached Order Sheet
品質	2. Quality :	As per the samples submitted
数量	3. Quantity :	As per the attached Order Sheet
価格	4. Price :	As per the attached Order Sheet
合計額	5. Total amount :	US$　11,954,4
貿易条件	6. Trade Terms :	FOB XIAMEN
支払	7. Payment :	L/C AT sight
出荷日	8. Shipment :	By January 20.2005
仕向け地	9. Destination :	Tokyo, Japan
荷印（輸出する貨物の外装に刷り込む記号や番号）	10. Shipping Marks :	MARUO ORIGINAL

Accepted and Confirmed by:

(SELLER)

輸出者　署名欄

(BUYER)

輸入者　署名欄

付録 8　海上保険（請求書）

保険申込者

STATEMENT OF PREMIUM

Mitsui Sumitomo Insurance Company,Limited

Mitsui Sumitomo Insurance

DEBIT NOTE
(海上保険料請求書)

Assured(s),etc.
[redacted] CO., LTD.

No.205-[redacted]

Claim, if any, payable at/in

Prov.No.

Invoice No.
2005L032

Amount insured
CARGO
¥886,000.-

Conditions
A/R

Local Vessel or Conveyance

From(interior port or place of loading)

本船名　　　　出港日

Ship or Vessel
JI FENG

Voyage: at and from
FUZHOU

Sailing on or about
JUN. 11,2005

Voyage: to/via
TOKYO

thence to
INTERIOR PLACE IN JAPAN BY ANY CONV.　輸送区間

Goods and Merchandises
252 CTNS. OF CERAMIC PHOTOFRAMES

Mark(s) and Number(s) as per Invoice No. specified above.

保険の目的

Including risks of War,
Strikes,Riots and Civil Commotions

In case of the interest hereby insured being stowed in container(s)(except open top &/or flat rack container and the like),shipped under deck &/or on deck.

AP Code
O…Over Aged Vessel　I…Inland Transit
U…Unclassed Vessel　S…Shore Risk
M…Small Sized Vessel　R…Rejection

Place and Date signed in
TOKYO　JUN. 21, 2005

No.of Pol.

Date
2005.06.21
US$ 108.6100
¥ 1.0000

ABL-73 799
Z127

Remarks

	Exchange Rate at	Cargo Amount insured	Duty Amount insured etc.	Premium
	¥ 1.0000	886,000		
CARGO M	0.25000		¥	
CARGO W	0.05000		¥	
CARGO T	0.30000		¥	
DUTY etc M			¥	
DUTY etc W			¥	
DUTY etc T			¥	
A			¥	
P				
GT		MIN	¥	3,000

保険料

Accountee

Agent Name
MARUO

For Mitsui Sumitomo Insurance Company,Limited

AUTHORIZED SIGNATORY

200506
D／N

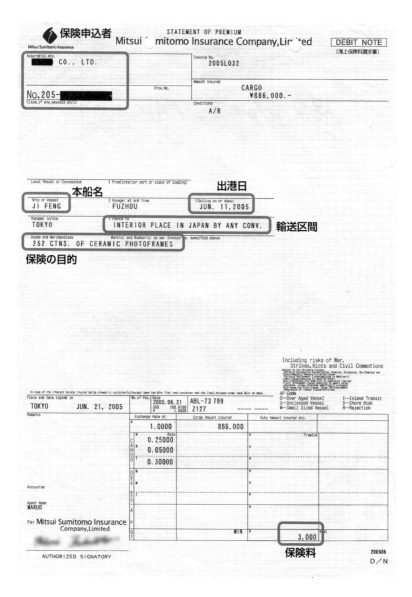

付録 7　原産地証明書

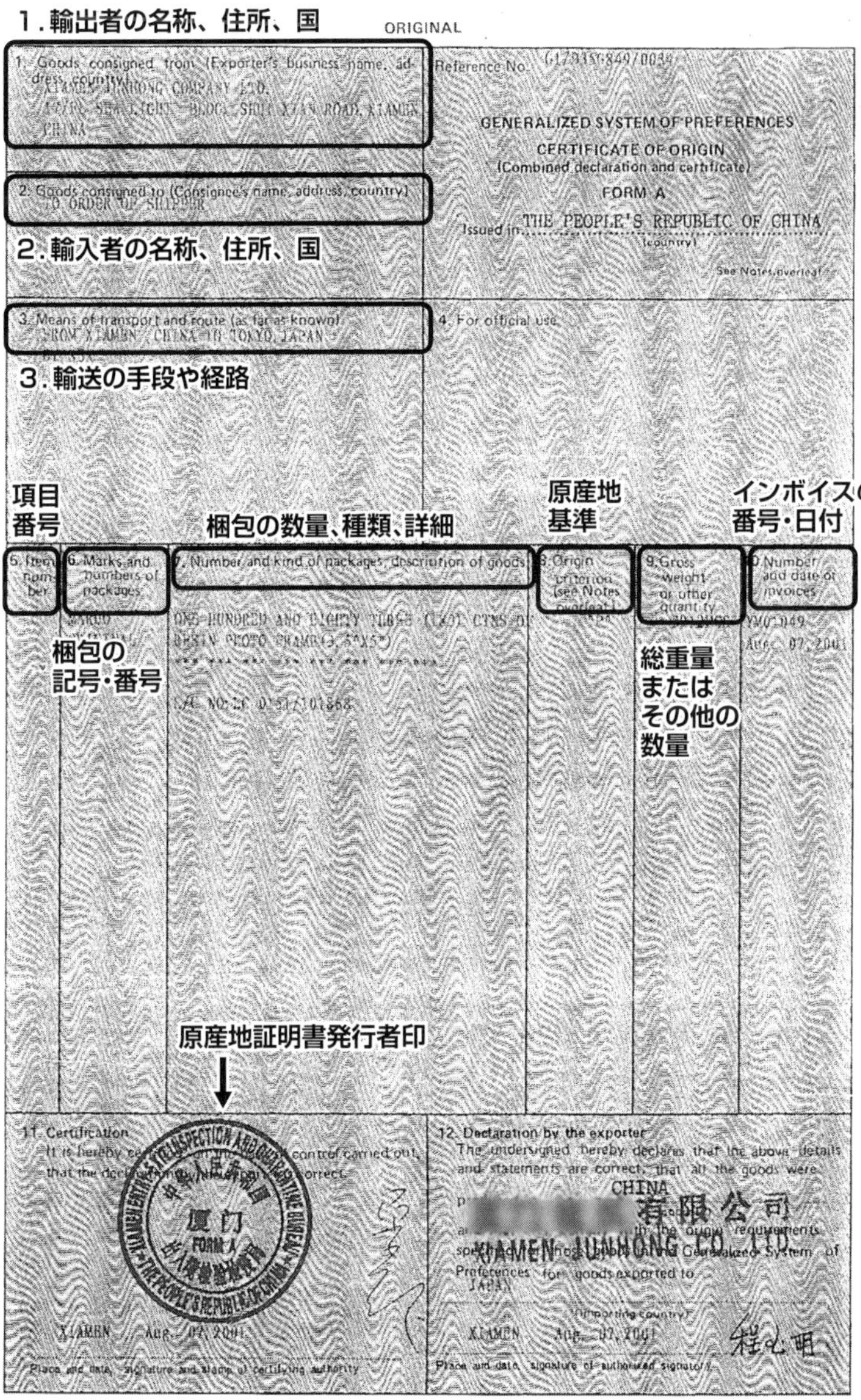
1. 輸出者の名称、住所、国
ORIGINAL
2. 輸入者の名称、住所、国
3. 輸送の手段や経路
GENERALIZED SYSTEM OF PREFERENCES
CERTIFICATE OF ORIGIN
(Combined declaration and certificate)
FORM A
Issued in THE PEOPLE'S REPUBLIC OF CHINA
項目番号
梱包の数量、種類、詳細
原産地基準
インボイスの番号・日付
梱包の記号・番号
総重量またはその他の数量
原産地証明書発行者印
11. Certification
12. Declaration by the exporter

記　載　要　領

原産品申告明細書は、適用する協定のボックスにチェックを付し、原産品申告書の産品毎に作成する。

「原産品申告書における産品の番号」欄には、原産品申告書（C－5292、C－5292-3又はC－5292-4）中「産品の概要」における産品の欄の番号（[1]、[2]など）を記載。

「適用する原産性の基準」欄において、適用する基準にチェックを付す。なお、原産品申告明細書中の括弧内の記号はEU協定に係るものである。

「原産性の基準を満たすことの説明」欄には、適用する原産性の基準を満たしていることを示すために必要となる、以下のような事実を記載。

（注1）以下の記述は例示であり、どのように原産性の基準を満たしているのかについての説明が記載されたものであれば、以下の例示に限定されるものではないので留意。

・**完全生産品**：当該産品が、適用する協定において完全に得られた産品であることを確認できる事実（オーストラリア協定の場合、第3・3条(a)から(l)までのいずれに該当するのか等）

・**原産材料のみから完全に生産される産品**：すべての一次材料（産品の原材料となる材料をいい、当該原材料の材料を除く。）が適用する協定上の原産品であることを確認できる事実

・**関税分類変更基準**：すべての非原産材料の関税率表番号。

（注2）適用する協定によりHSのバージョンが異なること、及び、適用する品目別規則に応じた関税率表番号の桁数とすることに留意。また、例えば、4桁変更の品目別規則を適用しようとする産品に係る非原産材料について、他の類（2桁）からの変更があることが確認できる場合には、当該非原産材料の関税率表番号の記載は2桁までで足りるので留意。

・**付加価値基準**：各協定に規定されている計算式を用いて、特定の付加価値を付けていることが確認できる事実

（注3）計算に使用する原産材料及び非原産材料の価額とは輸出締約国における価額とし、非原産（一次）材料の価額は輸出締約国に輸入された際のCIF価額である。これらの価額が不明な場合には当該材料を産品の生産者が仕入れた価額とする。また、例えば、全ての非原産材料のCIF価額の確認ができない場合に、確認できる原産材料の仕入価額等を用いて付加価値基準を満たすことが合理的に証明できるときは、当該非原産材料の CIF 価額を記載させる必要はないので留意。

・**加工工程基準**：当該基準に係る特定の製造又は加工の作業が行われていることが確認できる製造工程

・**その他の原産性の基準**：輸入しようとする産品が適用する協定に規定する原産性の基準を満たしていることを示すために必要となる事実

（注4）「原産性の基準を満たすことの説明」欄への記入にあたり、記載しきなれない場合は、別添のとおりとして、別の紙にその説明となる事実を記載し、提出することも可。

（注5）上記の事実について、既存の資料がある場合には、当該資料に5.欄以外の事項を付記したものを提出することも可。

「作成者」欄において、代理人が作成する場合には、代理人の押印又は署名をし、作成者の押印又は署名を要しない。

付録 6　原産品申告明細書

税関様式C第5293号

原 産 品 申 告 明 細 書

(□オーストラリア協定、□TPP11協定、□EU協定)

1. 仕入書の番号及び日付	
2. 原産品申告書における産品の番号	3. 産品の関税分類番号
4. 適用する原産性の基準 □WO (又はA)　□PE (又はB)　□PSR (又はC (□CTC (又は1)・□VA (又は2)・□SP (又は3)・□DMI (又はE)・□ACU (又はD))	
5. 上記4.で適用した原産性の基準を満たすことの説明	
6. 上記5.の説明に係る証拠書類の保有者 □生産者、□輸出者、□輸入者	
7. その他の特記事項	
8. 作成者　氏名又は名称及び住所又は居所　印又は署名 (代理人の氏名又は名所及び住所又は居所)　印又は署名 作成　年　月　日	

※WO (又はA): 完全生産品、PE (又はB): 原産材料のみから完全に生産される産品、PSR (又はC): 実質的変更基準を満たす産品、CTC (又は1): 関税分類変更基準、VA (又は2): 付加価値基準、SP (又は3): 加工工程基準、DMI (又はE): 僅少の非原産材料 (又は許容限度)、ACU (又はD): 累積

(規格A4)

ANA CARGO EXPRESS

Air Waybill
Non Negotiable

01234567890

ORIGIN
DESTINATION

Receiver ANA CARGO EXPRESS cannot deliver to a P.O.BOX.

Customer Code - -

Company Name

Section

Contact Name

Address

City

State

Country

Postal Code Tax ID

Phone No./Ext No

Importer Please state if Receiver and importer are different.

Customer Code - -

Company Name

Dimensions

/ / cm
/ / cm
/ / cm

Piece(s)

Weight kg

Surcharge

Transportation Charge	
Duties & Taxes	
Other Charge	
Other Charge	
TOTAL	

Date of Receipt (DD/MM/YYYY) / /

Receiver's Signature

Piece ID

1/1

tified Broker

付録 5　Air Waybill（AWB）サンプル

Shipment Information

☐ Document　☐ Non Document　☐ Commercial

Description of good(s)

☐ IEX　☐ IEX ECO　☐

Declared Value for Carriage　Currency　Amount

Declared Value for Customs　Currency　Amount

Shipper

Customer Code　-　-

Company Name

Section

Contact Name

Address

City

Prefecture

Country

Postal Code　Tax ID

Phone No./Ext No

Payment　If check "Other", please state Customer Code.

Transportation Charge　☐ Shipper　☐ Importer　☐ Other　Section Code

Customer Code　-　-

Duties & Taxes　☐ Shipper　☐ Importer　☐ Other　Section Code

Customer Code　-　-

Shipper's Reference

Optional Service

Date of Shipment (DD/MM/YYYY)　/　/

Shipper's Signature

付録4　B／L（船荷証券）

B／L番号

B/L NO. FT41043

FUSCO

福建省輪船公司

FUJIAN SHIPPING COMPANY

79 Zhong Ping Road, Fuzhou, China

Tel : 3259900
Tlx : 92142 FUSCO CN
Cble : 0555

船会社名

ORIGINAL

Combined Transport BILL OF LADING

RECEIVED in apparent good order and condition except as otherwise noted the total number of containers or other packages or units enumerated below for transportation from the place of receipt to the place of delivery subject to the terms and conditions hereof. One of the Bills of Lading must be surrendered duly endorsed in exchange for the goods or delivery order. On presentation of this document duly endorsed to the Carrier by or on behalf of the Holder of the Bill of Lading, the rights and liabilities arising in accordance with the terms and conditions hereof shall, without prejudice to any rule of common law or statute rendering them binding on the Merchant, become binding in all respects between the Carrier and the Holder of the Bill of Lading as though the contract evidenced hereby had been made between them. IN WITNESS whereof the number of original Bills of Lading stated under have been signed. all of this tenor and date, one of which being accomplished, the other(s) to be void.

Shipper

FUJIAN NANPING FOREIGNTRADE
CORPORATION
[redacted] FUJIAN CHINA

輸出者

Consignee

TO ORDER OF SHIPPER

輸入者

Notify Party

[redacted] CO.,LTD.
[redacted],FUKUSHIMA,JAPAN

Pre-carriage by　本船名

Place of Receipt　積み出し港

Ocean Vessel　Voy. No.
HAI FENG SHAN V.0141

Port of Loading
FUZHOU,CHINA

Port of Discharge

Place of Delivery
TOKYO,JAPAN

Final Destination for the Merchant's Reference

Container No. / Seal No. Marks & Nos.	No. of containers or Pkgs.	Kind of Packages, Description of Goods.	Gross Weight	Measurement
MARUO		1X20' CONTAINER S.T.C. CY/CY		
ITEM NO.	602CTNS	CERAMIC PHOTO FRAMES AND PAPER BOX	8730.5KGS	29.13CBM
SAXU2007997/23735				
		SHIPPER'S LOAD,COUNT & SEAL FREIGHT COLLECT		

コンテナ番号　梱包の種類、商品名　重量・容積

Particulars Furnished by Merchants

TOTAL NUMBER OF CONTAINERS OR PACKAGES (IN WORDS)　SAY:ONE TWENTY FT.CONTAINER ONLY.

FREIGHT & CHARGES	Revenue Tons	Rate	Per	Prepaid	Collect

B／Lの発行地と発行日

Ex. Rate:

Prepaid at

Payable at
TOKYO

Place and date of Issue
FUZHOU　03 NOV 2001

Total Prepaid

No. of Original B(s)/L
THREE/3

B／Lの枚数

Signed for the Carrier

AS CARRIER 福建省輪船公司
FUJIAN SHIPPING COMPANY

船積年月日

LADEN ON BOARD THE VESSEL
福建省輪船公司
FUJIAN SHIPPING COMPANY
Signature

Date　03 NOV 2001

SHIPPED ON BOARD
(TERMS CONTINUED ON BACK HEREOF)

船会社のサイン

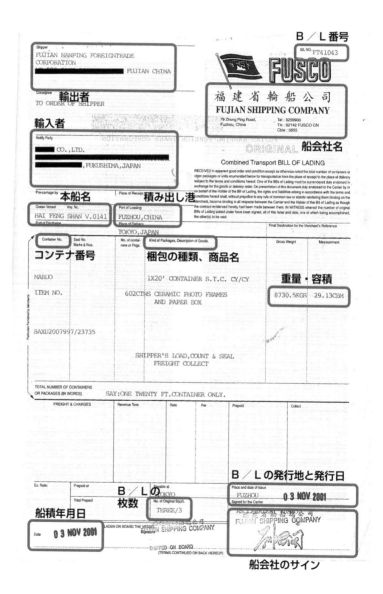

付録 3　インボイス

輸入者の情報
（会社名、住所、電話番号等）

[redacted].Ltd.
[redacted]
[redacted] Fukushima965-0058

輸出者の情報
（会社名、住所、電話番号等）

ERCOLANO S.R.L.
l'arte nel legno

via s. renato, 17
P.O. Box 41
[redacted] Italy
tel. +[redacted] fax +[redacted]
REA NA 514604 - Capitale sociale € 10.200,00
www.[redacted].it - e-mail: info@[redacted]

書類作成日

TIPO DOCUMENTO	N. DOCUMENTO	DATA DOCUMENTO	PAG. NUMERO
FATTURA	908	05/11/04	1

C. AG.	NOME AGENTE	COD. CLIENTE	PARTITA IVA	CODICE FISC. ESTERO	DESCRIZIONE PAGAMENTO	COD. DEP.
		0717.0054	00000000000		Anticipated Payment	DP

RIFERIMENTO ORDINE	DATA ORDINE	BANCA APPOGGIO	VALUTA

商品名　（商品の）明細　数量　単価　合計額（数量×単価）

CODICE ARTICOLO	DESCRIZIONE	U.M.	QUANTITÀ	PREZZO	SCONTO %	IMPORTO	IVA
	Rif.ordine 1.273 10/09/04						
MBO801	Scatola musicale 15x11 "La Ghirlandata" Jewelry musicbox with image	Pz	10,000	37,00		370,00	NI
MBO802	Scatola Musicale 13x13 "Blue Dancers" Jewelry musicbox "Blue Dancers"	Pz	10,000	37,00		370,00	NI
MBO803	Scatola musicale 19x16 "The Kiss" Klimt Jewelry musicbox "The Kiss"	Pz	8,000	57,00		456,00	NI
MBO804	Scatola Musicale 15x11 "Sunflowers" Jewelry musicbox "Sunflowers"	Pz	10,000	37,00		370,00	NI
MBO805	Scatola musicale "Boating on the seine" Jewelry musicbox "Boating on the Seine"	Pz	7,000	37,00		259,00	NI
MBO806	Scatola musicale "Dance at bougival" Jewelry musicbox "Dance at bougival"	Pz	10,000	37,00		370,00	NI
MBO807	Scat. mus."Still life milkjug and fruit" Jewelry musicbox "Still life milkjug and	Pz	8,000	37,00		296,00	NI
MBO808	Scatola Musicale "Sympheas Effet du Soir Jewelry musicbox "Waterlily Pond"	Pz	5,000	37,00		185,00	NI
MBO809	Scatola musicale "Waterlilies Pond Jewelry musicbox "Waterlilies evening"	Pz	7,000	37,00		259,00	NI
MBO810	Scatola mus. "Luncheon of boating party" Jewelry musicbox "Luncheon of boating pa	Pz	3,000	57,00		171,00	NI
MBO811	Sca. mus."Sunday afternoon on the island Jewely musicbox "Sunday afternoon on the	Pz	8,000	57,00		456,00	NI
MBO812	Scat.mus."Wild poppies, near argenteuil" Jewelry musicbox "Wild poppies, near arg	Pz	3,000	57,00		171,00	NI

L'Esportatore delle merci contemplate nel presente documento dichiara che, salvo indicazione contaria, le merci sono di origine preferenziale Italiana.

Ai sensi e per gli effetti del lo comma art. 11 del D.M. 12/3/1981 (G.U. n. 82 del 24/3/1981) dichiaro di assumere diretta responsabilita' circa la veridicita' di quanto risulta dalla documentazione presentatavi.

Senza addebito di Iva ai sensi dell'art. 8 del D.P.R. n. 633 del 26-10-1972.

ERCOLANO s. r. l.

商品の合計額　運送料

TOTALE MERCE	SCONTO %	NETTO MERCE	SPESE INCASSO	SPESE VARIE	TRASPORTO	BOLLI	TOTALE IMPONIBILE
3.733,00		3.733,00			254,50		3.987,50

SCADENZE RATE E RELATIVO IMPORTO	IMPONIBILE (RIEPILOGO IVA)	IVA %	IMPOSTA	TOTALE IMPOSTA
15/11/04 3.987,50	3.987,50	NI.8/1		

合計金額

N. COLLI	ASPETTO ESTERIORE DEI BENI	PESO IN KG	PORTO	VALUTA	TOTALE DOCUMENTO
********5*	Cartoni/Cartonboxes	****73,500*	Franco Fabbrica	EURO	3.987,50

TRASPORTO	VETTORE	DATA	ORA	FIRMA
A mezzo Vettore	United Parcel Service			

CONDIZIONI GENERALI DI VENDITA: Gli ordini si intendono accettati salvo approvazione della ERCOLANO S.r.l. I Termini di consegna vengono sempre indicati in via approssimativa e senza impegno vincolante. La ERCOLANO S.r.l. non assume responsabilità a fronte di ritardi. È facoltà della ERCOLANO S.r.l. effettuare le consegne in più riprese. La merce viaggia a rischio e pericolo del committente anche se venduta in porto franco. La trattenuta della fattura indica la sua accettazione. Non sono ritenuti validi i reclami o contestazioni se non inviati con lettera raccomandata entro e non oltre otto giorni dalla consegna. A fronte di ritardi rispetto le condizioni di pagamento pattuite, sarà facoltà della ERCOLANO s.r.l. Di addebbitare gli interessi di mora correnti o respingere cessioni fuori dai termini stabiliti o non gradite. La postecipazione dei termini di consegna non modifica i termini di pagamento pattuiti. I pagamenti sono validi solo se effettuati alla nostra sede di Sorrento o a mani di personale autorizzato. Non sono ritenute valide le intesi verbali se non conformate per iscritto nè ogni deroga alle presenti condizioni che sono confermate in pieno dal committente. Per qualsiasi controversia il Foro competente sarà quello di Sorrento.

付録 2　パッキングリスト

輸入者名・住所

TO:[redacted] co.,ltd

DATE:OCT.31,2001

[redacted]

FROM:FUZHOU,CHINA

TO:TOKYO,JAPAN

FUKUSHIMA,JAPAN

NUMBER:LC 0151/1

インボイス番号

INVOICE NO.:0920023

商品名　数量（入数×箱数）　1箱当たりの入数　箱数（CTNS：カートン）

MARKS	ITEM NO.	QUANTITY	PCS/CTN	CTNS
MARUO	LS033H-3S	504	18	28CTNS
	LS035H-3S	504	18	28CTNS
ITEM NO.	LS033B-3S	504	18	28CTNS
	LS113B-3S	504	18	28CTNS
	LS3001E-3S	504	18	28CTNS
	LS2007B-3S	504	18	28CTNS
	LS101B-3S	504	18	28CTNS
	LS101B-3K	504	18	28CTNS
	LS2007C-3K	504	18	28CTNS
	LS3001D-3K	504	18	28CTNS
	LS3002B-3K	360	18	20CTNS
	LS035K-3K	504	18	28CTNS
	LS2007B-3K	504	18	28CTNS
	LS033H-3K	486	18	27CTNS
	LS035K	1296	48	27CTNS
	LS033H	1440	48	30CTNS
	LS033B	1008	48	21CTNS
	LS113F	768	48	16CTNS
	LS113B	768	48	16CTNS
	LS3002B	816	48	17CTNS
	LS3001D	816	48	17CTNS
	LS001B	864	48	18CTNS
	LS001L	864	48	18CTNS
	LS2010A	720	48	15CTNS
	LS101B	960	48	20CTNS
	PAPER BOX	1800PCS	600	3CTNS
	SAMPLES	11PCS	11	1CTN
TOTAL:				**602CTNS**

↑シッピングマーク

GW.:8730.50KGS　**NW.:7530.50**　**29.13CBM**

総重量　容積　合計箱数

FUJIAN NANPING FOREIGN TRADE CORP.

輸出者のサイン

付録 1　オーダーシート

ORDER SHEET

商品名 DESCRIPTION	数量 QUANTITY	単価 UNITPRICE	合計額（数量 × 単価） AMOUNT
LS001L	960	0.55	528
LS3001D	1200	0.55	660
LS3002B	1200	0.55	660
LS035K	1200	0.55	660
LS033H	1200	0.55	660
LS035L	960	0.55	528
LS101B	1200	0.55	660
LS03D	720	0.55	396
LS010A	720	0.55	396
LS002G	720	0.55	396
LS2006B	720	0.55	396
LS2009B	720	0.55	396
LS029C	720	0.55	396
LS0121A	720	0.55	396
LS601C	720	0.55	396
LS0135A	720	0.55	396
LS113B	720	0.55	396
LS3030A	720	0.55	396
LS024-1	720	0.55	396
LS3001E	720	0.55	396
LS0175B-3K	360	1.08	388.8
LS0172B-3K	360	1.08	388.8
LS0172B-3K	360	1.08	388.8
LS3030A-3K	360	1.08	388.8
LS03D-3K	360	1.08	388.8
LS3002B-3S	360	1.08	388.8
LS2007A-3S	360	1.08	388.8
LS001L-3S	360	1.08	388.8
LS0135A-3S	360	1.08	388.8
LS2007B-3S	360	1.08	388.8
TOTAL			13,392

総合計金額

付録

ここでは、本文でも触れてきたリモート輸入ビジネスに必要な書類や英文契約書のチェック法を紹介します（2021年6月現在）。

書式等は、日々更新されていきますので、使用する際は、必ず関係各所で確認し、あなたが輸入ビジネスを行うタイミングに合わせて取り寄せ、作成してください。

著者紹介

大須賀　祐（おおすか・ゆう）

一般社団法人日本輸入ビジネス機構理事長
日本貿易学会正会員
ジェトロ認定貿易アドバイザー（現：AIBA 認定貿易アドバイザー）
株式会社インポートプレナー最高顧問

早稲田大学卒。東証一部上場企業入社後、3 年目で最優秀営業員賞受賞。しかし国内ビジネスに失望し、会社を退社。輸入ビジネスに身を投じる。2004 年当時わずか合格率 8.4% の狭き門「ジェトロ認定貿易アドバイザー」を取得。

現在は輸入ビジネスアドバイザーとして、クライアントとともに年間 100 日強を海外で過ごし、全世界的に活躍中。また中小企業向けに利益倍増のための新規事業戦略としての輸入ビジネスを提唱し大人気を博している。

セミナー受講者は約 12,000 人、海外での実践講座のクライアント数は、2021 年 5 月時点で 920 名を超え、今なお数多くの成功者を輩出。

その圧倒的な実績によりクライアントからは「輸入の神様」と称されている。

また、輸入ビジネス界に対する多大なる貢献により、歴史と伝統ある日本最大にして最高の権威を有する貿易の学術団体「日本貿易学会」の正会員に推挙され、貿易界の発展にも寄与している。

2019 年、輸入ビジネスという考え方を広めるため、一般社団法人日本輸入ビジネス機構理事長に就任。著書に、『初めてでもよくわかる輸入ビジネスの始め方・儲け方』（日本実業出版社）、『図解　これ 1 冊でぜんぶわかる！ 貿易実務』『これ 1 冊でぜんぶわかる！ 輸入ビジネス【完全版】』（ともに、あさ出版）、『実はとっても簡単！ 儲かる輸入部門のつくり方・はじめ方』（明日香出版社）などがある。

「株式会社インポートプレナー」の HP
https://importpreneurs.jp/
「一般社団法人日本輸入ビジネス機構」の HP
https://jaibo.jp/
「世界初！ 365 日動画でわかる輸入ビジネス」（無料メルマガ）
https://yunyu-bible.com/?p=213
「大須賀祐」の Clubhouse
https://www.joinclubhouse.com/@yuosuka

いつでも、どこでも、低《てい》コストで始《はじ》められる！
リモート輸入《ゆにゅう》ビジネス 成功《せいこう》マニュアル 〈検印省略〉

2021年 6 月 28 日 第 1 刷発行

著 者――大須賀 祐（おおすか・ゆう）
発行者――佐藤 和夫

発行所――株式会社あさ出版
〒171-0022 東京都豊島区南池袋 2-9-9 第一池袋ホワイトビル 6F
電 話 03 (3983) 3225（販売）
03 (3983) 3227（編集）
F A X 03 (3983) 3226
U R L http://www.asa21.com/
E-mail info@asa21.com
印刷・製本 (株) シナノ

note http://note.com/asapublishing/
facebook http://www.facebook.com/asapublishing
twitter http://twitter.com/asapublishing

ISBN978-4-86667-290-8 C2034